WERNER KOFLER
GUGGILE
VOM BRAVSEIN UND VOM SCHWEINIGELN
EINE MATERIALSAMMLUNG AUS DER PROVINZ

DEUTICKE

alle personen, orte und begebenheiten sind wahrheitsgemäß »erstunken und erlogen«. wenn personen sich *namentlich* betroffen fühlen, ist dies zufällig und vom autor nicht beabsichtigt.

© 2004 Franz Deuticke Verlagsgesellschaft m. b. H.
Wien–Frankfurt/Main
Alle Rechte vorbehalten.
www.deuticke.at

Fotomechanische Wiedergabe bzw. Vervielfältigung,
Abdruck, Verbreitung durch Funk, Film oder Fernsehen
sowie Speicherung auf Ton- oder Datenträger, auch auszugsweise,
nur mit Genehmigung des Verlags.

Umschlaggestaltung: Studio Hollinger
Druck und Bindung: Ueberreuter Buchproduktion, Korneuburg
Printed in Austria
ISBN 3-216-30735-2

peter bamm, lothar günther buchheim, rudolf hagelstange, peter handke, hildegard knef, lilli palmer, peter rosegger und carl zuckmayr (und . . . und . . .) zugeeignet.

inhaltsverzeichnis

sexualität und ästhetische norm 9
kärnten: finsternis 12
die vorgeschichte der vorgeschichte 20
reinlichkeit und reinheit: benennungen und
   rituale 42
bei der pacheinerin, auf der egger-alm, in lienz 54
tagesablauf 63
der ernsti, mein halbbruder 68
feste und feiern (auswahl) 88
erholung: ganztagsausflüge, halbtagsausflüge,
   urlaub 103
wie ich das erste mal vorsätzlich etwas
   unkeusches gelesen und dabei einen steifen
   bekommen habe 117
das bedürfnis danach und die angst davor: wie
   ich das erste mal 126

wohnung.
die wohnung, die ich bewohne: eine mansarde in einem schon älteren hause, klein, geruch, ein fenster zur straße und aussicht auf einen taubenschlag gegenüber.
manchmal steige ich die stiegen hinab in ein kellergewölbe, werde eine ratte, eine federzeichnung, ergehe mich im ungefiederten.
die fledermaus, die ich bewohne.

sexualität und ästhetische norm

»wohnung.
die wohnung, die ich bewohne: eine mansarde in einem schon älteren hause, klein, geruch, ein fenster zur straße und aussicht auf einen taubenschlag gegenüber.
manchmal steige ich die *stiegen hinab in ein kellergewölbe*, werde eine *ratte*, eine federzeichnung, *ergehe mich im ungefiederten.*
die *fledermaus,* die ich bewohne.« (1965)

diese skizze ist so entstanden: in klagenfurt, an einem lauen frühlingsabend (ich habe damals in villach im neuerbauten haus meiner eltern gewohnt, in klagenfurt aber die lehrerbildungsanstalt besucht, jeden tag bin ich mit dem personenzug von villach nach klagenfurt und von klagenfurt nach villach gefahren, hin und her, ein fahrschülerdasein, an jenem abend bin ich, ich weiß nicht mehr, warum, länger als üblich in klagenfurt geblieben, bis zur abfahrt des nächsten, vorletzten zuges nach villach ist jedenfalls noch reichlich zeit gewesen), in klagenfurt also bin ich an einem lauen frühlingsabend auf dem weg zum bahnhof am thomas-koschat-park vorübergekommen, und wie ich am nach dem kärntner liederfürsten thomas koschat benannten koschat-park vorbeischlendere denke ich mir, setz dich doch in den koschatpark auf eine bank, du setzt dich in den koschatpark und rauchst eine zigarette, es ist ein so schöner abend, setz dich hin, habe ich mir gesagt, und steck dir eine an, eine gute austria C, und ich habe mich hin-, auf eine bank gesetzt und eine C mir angeraucht, im park – ein sehr kleiner, schlecht beleuchteter park – ist außer mir übrigens niemand gewesen, und wie ich so sitze und rauche und mir denke, was für ein schöner abend, *beschleicht* mich plötzlich das bedürfnis, mir einen 'runterzuholen, du stellst dich hinter einen busch in die dunkelheit, habe ich mir gedacht, und wichst, und mich umsehend, ob auch niemand käme, habe ich mich hinter einen busch in die dunkelheit gestellt, die hosen hinuntergelassen und zu onanieren begonnen, »gwixt« und in den busch hinein gespritzt, die hosen dann schnell wieder hinaufgetan, meine schultasche genommen und eilends den koschatpark verlassen; trüben sinnes, mit schuld- und minderwertigkeitsgefühlen bin ich durch die verlassene klagenfurter bahnhofstraße zum bahnhof gegangen und in den zug nach villach eingestiegen; während der fahrt, während der mich nur das vorangegangene erlebnis beschäftigt hat, hat sich, als bewältigung des vor-, des *wiederum-vorgefallenen*, in meinem kopf bereits *literatur* zu formieren begonnen; ich habe mir notizen gemacht und, in villach, zuhause angekommen, mich in mein dachbodenzimmer gesetzt und diese skizze niederzuschreiben begonnen.

aufgewachsen in familienverhältnissen, die / harmonisch zu nennen ich nicht anstehe, bin ich / erzogen worden nach den grundsätzen des katholischen glaubens / zu anständigkeit und sittlichkeit. ich kann nicht sagen, es / sei eine unglückliche kindheit gewesen.
(was, fragen meine eltern, haben wir / denn anderes gewollt, als einen tüchtigen und / glücklichen menschen aus dir zu machen? wir / haben es gut gemeint.)
nach bestem wissen und gewissen, wie / auch sie gelehrt worden sind von ihren / eltern, haben sie mir beigebracht / die begriffe der rechtschaffenheit; – dein und /

mein, gut und böse zu unterscheiden nur / zu meinem eigenen besten. was ist / ihnen vorzuwerfen?

verwaltungsgebühr: bezahlt
»*werner* reinfried *kofler* ist am 23. juli 1947 in villach-warmbad geboren. vater: ernst kofler, kaufmann, römisch katholisch, wohnhaft in villach, kernstockstraße 9. mutter: anna kofler, geborene moser, römisch katholisch, wohnhaft in villach, kernstockstraße 9. änderungen der eintragung: —« (standesamt villach)

*

kärnten: finsternis

in *völkermarkt* ist der tag der kärntner volksabstimmung in festlicher weise gefeiert worden.
bereits am vorabend des 10. oktober hat sich trotz unfreundlicher witterung ein langer *fackel*zug durch die straßen der stadt bewegt.
abwehrkämpfer, jungbürger, feuerwehr, gemeinderat, behördenvertreter mit bezirkshauptmann hofrat dr. wagner an der spitze, der *kov, vst, rotes kreuz, mgv,* die bürgerfrauen und schüler haben vor dem ehrenmal auf dem unteren hauptplatz aufstellung genommen.
bürgermeister hosp hat die gedenkrede gehalten, und beim lied des guten kameraden, intoniert von der stadtkapelle, ist die kranzniederlegung erfolgt.
24 mädchen und 31 burschen haben den bürgerbrief und das buch »kleine geschichte der stadt völkermarkt« erhalten.
der abstimmungsgedenktag selbst ist mit dem festgottesdienst in der stadtpfarrkirche eingeleitet worden, wo stadtdechant geistlicher rat kanduth den gedächtnisgottesdienst zelebriert hat.
auf dem hauptplatz hat die stadtkapelle mit kapellmeister karl kolb ein sehr beifällig aufgenommenes konzert gegeben, und im anschluß sind spatenstiche für den volksschulzubau mit abwehrkämpferdokumentation sowie für den bau eines bezirksstellengebäudes der gewerbekammer vollzogen worden.
der nachmittag ist den alten mitbürgern gewidmet gewesen.
im festsaal der neuen burg hat eine altenehrung stattgefunden, wobei das von der jugendblaskapelle leitgeb, des *mgv* völkermarkt und von conférencier so-

mitsch gestaltete programm sehr gut zu gefallen gewußt hat.
den abschluß der feierlichkeiten hat nach alter tradition die freiwillige feuerwehr gehalten, die ein große schauübung durchgeführt hat.

auch in *ferlach* ist die 10.-oktober-feier sehr erhebend verlaufen. wie durch ein wunder ist die wolkendecke am abend aufgerissen gewesen, so daß die *höhenfeuer* und *raketen,* die am ferlacher horn und am matzen entzündet worden sind, auch im tal klar sichtbar gewesen sind.
an der feier auf dem hauptplatz haben neben bürgermeister osr. sorgo mit den stadt- und gemeindevätern, vertretern der exekutive und legislative, sport- und turnvereinen, feuerwehr und bergwacht auch heimattreue ferlacher in großer zahl teilgenommen, die vom obmann des abwehrkämpferbundes, albin obiltschnig, begrüßt worden sind.
die festrede hat schulrat siegfried sames gehalten.
er hat dankesworte für die abwehrkämpfer, im speziellen für deren führer, oblt. dir. steinacher, gefunden und die jugend aufgerufen, stets der taten ihrer väter, mütter und großeltern zu gedenken und wachsam zu sein.
der redner hat vehement die feststellung der minderheit durch zählung gefordert.
der lange *fackelzug* hat sich um den parkfriedhof bewegt, wo stadtrat diplomingenieur just am heldendenkmal worte des dankes gefunden hat.

*

er sei seit dreißig jahren »aufrechter sozialdemokrat«, werde aber dennoch auch in nationalen kreisen geschätzt; er habe zwar keine *napola* besucht, sei aber immerhin »hochgradiger hitlerjunge« gewesen, hat der herr *landeshauptmann* gesagt.

*

villacher stadtgeflüster
– »auf der gerlitzen« sei *das* passiert, in einer heuhütte, im winter. ein zahnarzt aus villach, der name tue ja nichts zur sache, ein villacher zahnarzt jedenfalls und eine junge frau, nicht seine frau, sondern ein »junges mensch halt, nix wert . . .«. skifahr'n, angeblich, skifahrn auf der gerlitzen. skifahrn, ja, zu zweit in einer heuhütte, hä hä . . . eine entlegene heuhütte; klar, wenn man weiß was sich gehört . . . das komme davon. (eine entlegene heuhütte.) jedenfalls, er habe *ihn* nicht mehr »rausgekriegt«. krampf. einen krampf habe sie –, plötzlich habe sie im besagten organ einen krampf bekommen. nichts mehr zu machen. steckengeblieben. eine entlegene hütte. ein kalter winter. stundenlang hätten die beiden gerufen, um hilfe gerufen . . . eine entlegene hütte. zufällig sei jemand vorbeigekommen. endlich, peinlich. das rote kreuz sei alarmiert worden (für was das rote kreuz auch herhalten müsse . . .). zwei männer haben die beiden in einem akja zur bergstation der kanzelbahn gebracht. das komme davon. in eine eigene gondel (eine gondel fasse sonst vierzig leute) seien der zahnarzt und seine freundin verfrachtet worden, »eng umschlungen«, har har. müsse liebe schön sein. vor der talstation habe schon ein rettungswagen gewartet, im rettungswagen seien die beiden ins villacher landeskrankenhaus gebracht worden. (die erklärungen der situation, des herganges jedesmal . . .) eine so eine schande. ein villacher zahnarzt. (und dann die frau, nicht, die gat-

tin, was die wohl dazu gesagt habe zu der ganzen
g'schicht zu der feinen . . . ja . . .)

die welt ist eine villacher geschäftswelt. die welt meines
vaters, »seine welt«, eine villacher geschäftswelt. (auf
daß es mir wohlergehe, hätte auch meine welt die
villacher geschäftswelt sein sollen, ich habe mich aber
frühzeitig schon gegen eine spätere villacher-geschäfts-
welt-mitgliedschaft entschieden.) die villacher geschäftswelt wiederum ein ganzes aus verschiedenen
miteinander und untereinander konkurrierenden teilen, eine konkurrenzwelt mit dem jedoch allen teilen
gemeinsamen bewußtsein, gemeinsam, gemeinsam
sind wir stark, eine verteidigens- und ausbauenswerte
villacher geschäftswelt zu bilden;
die welt meines vaters, eine villacher geschäftswelt:
warmuth (konkurrenz), samonig (»samonig am samo-
nig-eck«, konkurrenz), tomsche (»kauf was gutes kauf
bei tomsche«, konkurrenz), scharschön und moser
(konkurrenz); ferner: klein und lang, kaspar und polt-
nig, simon und garfunkel, schirme vecellio, hüte to-
soni, uhren fleischhacker, blumen richter, elektro
scharf. der bessergestellte teil der villacher geschäftswelt ist mir als »hot-wolé« dargestellt worden – »die
hot-wolé, nicht wahr, die feinen . . . die feinen
leute . . .«. hervorragenden vertretern der villacher
hot-wolé – wirth etwa (holz; reichster) oder bader
(kuranlagen warmbad; zweitreichster) oder feltrinelli-
drauland (holz) – hat mein vater, der sich selbst der
villacher hot-wolé gerade noch zugehörig begriffen
hat, allergrößte bewunderung entgegengebracht: »eine
feine frau . . .« . . . »sehr feine leute« . . . »ja was
glaubst du die frau wirth ist eine feine dame . . .«
oder, später, beim fernsehn (wenn der betroffene auch

kein mitglied der villacher, sondern der wiener hotwolé ist): »ein feiner mann, der portisch, ein feiner mann . . .«

umwelt. lind, in villach – lind, einem von der übrigen stadt, vom übrigen und eigentlichen villach durch das hauptbahnhofsgelände getrennten wohnviertel von dörflicher struktur (in der »haupt«-, der rennsteinerstraße unser geschäft, das »linder kaufhaus«), in lind wohnen zum großen teil eisenbahner und postler und andere werktätige. eisenbahner + postler + andere werktätige haben dort in schäbigen wohnblocks – in den »steinerhäusern«, den »personalhäusern« und in der »neuen heimat« – gewohnt: eine eisenbahner- und postler- und, vor allem, mir beigebracht, eine kunden-, »kundschaftn«-*umwelt*, durch die ich höflich und grüßend – »'sgott! 'sgott!« – zu gehn hatte.

(O reine und unbeschwerte, unschuldige welt der kindheit: – ob ich die »kretzn« (pickel) um den mund des eishockeyspielers j. schon bemerkt habe, bin ich von schulkameraden gefragt worden; jene kommen, wurde mir erklärt, nämlich vom *»futschleckn«,* »futschleckn«, habe ich mir gedacht, »futschleckn, was es alles gibt . . .«)

widersprüche, die bekannten, gegensätze – judendorf etwa, seebach, magdalen, die peripherie, eine *rand*welt, am rande der stadt und »am rande des verbrechens«, die »zigeina«, die »stiazla«, die »baraba«, das villacher lumpenproletariat: arm und keineswegs reinlich, »mit solch ane leit braucht ma ka mitleid hobn . . .« (a.k.). – welche höhepunkte: der judendorfer kirchtag, der seebacher kirchtag, der magdalener kirchtag, die landesligaspiele *fc* seebach: *fc* magdalen und *fc* magdalen: *fc* seebach. (obwohl – oder gerade weil – nachbarn, sind seebacher und magdalener »wie hund und katz« zueinander gewesen. erbitterte feindschaft zwischen seebacher »plattenbrüdern« und magdalener »plattenbrüdern«. die landesmeisterschaftlichen auseinandersetzungen zwischen seebachern und magdalenern haben sich nie nur auf das spielfeld und auf die spielzeit beschränkt. nach jedem spiel, bei jedem kirchtag, raufereien, messerstechereien, körperverletzung, demolierte gaststuben. seebacher und magdalener, kann man sagen, sind einander nichts schuldig geblieben.)

opfer ihrer villacher umwelt: frisch-rudi, ein »schlachtenbummler«, und ›schnellzug-nante‹, »a narrischa . . .«. frisch-rudi, sohn der frau frisch, einer »braven kundschaft«, ein fanatisch fußballbegeisterter, unförmig, unverhältnismäßig in die länge gewachsener, in »die höhe geschossener«, schwerfälliger und vor allem sprachlich, »bein redn« sich schwer tuender rauchfangkehrergeselle, frisch-rudi hat im linder stadion, in phasen der abgeschlafften oder abzuschlaffen drohenden zuschauer- und spieler- und spielbegeisterung mit dem dann als einzelaktion vorgetragenen ruf »gemma villacha« – unbeirrbar: »gemma villacha gemma!« – die recken des VSV (damals noch mit weinstich, jantschnig, seppele) immer aufs neue zu höchstleistungen anzuspornen versucht. schnellzugnante hingegen, ein ehemaliger, wegen eines angeblich von ihm verschuldeten zugsunglücks entlassener fahrdienstleiter, soll, seit jenem zwischenfall personalunion von zug und fahrdienstleiter, mit seiner fahrdienstleiterpfeife sich selbst das zeichen zur abfahrt gebend, auf den villacher gehsteigen, vornehmlich auf den gehsteigen des villacher hauptplatzes *zug gespielt* haben – »jo bist du tamisch ha?«

villach ist eine kleinstadt. an lichtspieltheatern stehen zur verfügung: das bahnhof-, das stadt-, das elite-, das apollo- und das heimatkino.

*

»*auf der behörde*«
(»aufm magistrat gewesen . . .«)
nix
tua ma nix
umanonda-tischkarirn
nix, do
wer ma nit long
umanonda-tischkarirn
mir red ma
deitsch

postgasse: die alte frau zihlarz »tratzn«
(konditorei zihlarz. die alte frau zihlarz. die türglocke klingelt. auftritt pirker paul.)
pirker paul: tschuldigen sie – ist hier das kaufhaus warmuth?
alte frau zihlarz (eifrig): nein nein – das ist die konditorei *zihlarz!*
pirker paul: a so, jo – fidaschaun!
alte frau zihlarz: auffidasehn . . .
(türglocke, abgang pirker paul. einige sekunden später: türglocke, auftritt kraut werner.)
kraut werner: tag . . . fazeihung – ist hier der »eisenhof«?
alte frau zihlarz: aber nein – hier ist die konditorei zihlarz!

kraut werner: zilaz – ach so . . .
(türglocke. abgang kraut werner. vorhang.)

zwei pädagogen aus kärnten.
herr professor kraschl (klagenfurt): » – die mataranten« . . . »psichelegie schtudiert« . . .« . . . mataranten . . . « . . . »psichelegie schtudiert . . .« . . . »mataranten, die mataranten . . .« . . . »psichelegie schtudiert die mataranten . . .«
herr fachlehrer leu (villach): »– a nimmst es nicht so genau bein zeichnan . . . wers ich aber auch nicht so genau nehman bein notengebn . . .« oder, ebenfalls zynisch: »lalala schreib ma jo mit TeZet wie banane . . .«

*

die vorgeschichte der vorgeschichte

mein vater
»der vater hatte das heimatrecht in villach.« (magistrat der stadt villach)

der vater hatte das heimatrecht in villach. der vater meines vaters hatte das heimatrecht in villach. der großvater meines vaters hatte das heimatrecht in velden. bei jenem, hat mir mein vater am sonntag, sonntag früh, anläßlich des *»papa-huckns«* (die mutti ist aufgestanden und hat das frühstück gemacht und ich habe mich zum papa ins bett gelegt und mir von ihm erzählen lassen) erzählt, bei jenem, meinem urgroßvater in winklern bei velden, seien sie im sommer oder zu ostern manchmal »auf besuch« gewesen. einen fußball haben sie nicht besessen, so haben sie mit einem »fetznlaberl« gespielt; (und, im winter: skier zu besitzen sei damals »ein luxus« gewesen, sie haben sich deshalb aus faßdauben, die sie zuerst in heißes wasser und dann über nacht unter einen kasten gelegt hätten, welche hergestellt.
ihrer drei seien sie gewesen: er, ernst, sowie markus (der nachmalige onkel mack) und rudolf (der nachmalige onkel rudi), söhne des markus und der elise kofler, meiner großeltern, ich habe sie nicht mehr kennenlernen können.)
in der kernstockstraße habe sein vater, mein großvater, eine schneiderwerkstatt gehabt.
er sei zu seinen eltern »immer anständig gewesen«, immer »in ehren gehalten« habe er seine eltern, überhaupt seine mutter habe er »auf händen getragen«.
habe er zum beispiel, hat er mir erzählt, von seiner mutter 12 groschen für 2 brezeln in die schule oder in

die lehre mitbekommen, so habe er sich statt zwei brezeln nur ein brezel gekauft, die übriggebliebenen sechs groschen habe er gespart, um seiner mutter zum muttertag oder zum geburtstag ein geschenk machen zu können; so sei *er* gewesen. nach dem tode seiner mutter (zuerst sei der vater, dann die mutter gestorben) sei er, damals schon verkäufer in klagenfurt, jeden sonntag von klagenfurt nach villach »aufs grab« gefahren, um es zu pflegen und zu schmücken und frische blumen zu bringen. stets habe er gewußt, was er seinen eltern und dem hergott schuldig sei.
ein krieg sei etwas grausliches. er sei ja ein bub gewesen während des ersten weltkrieges, er habe das alles noch nicht so verstanden,
aber . . . (oft habe er sich auf dem gelände des nahen hauptbahnhofes herumgetrieben und die soldatentransporte beobachtet . . .) die bürger-schule habe er besucht, heute heiße sie richard-wagner-schule, ein »besonders guter schüler« sei er nie gewesen.
»lausbuben, lauser . . .« . . . »der federspiel« . . . im nebenhaus, in jener wohnung, wo jetzt die krankenwärtersfamilie schaller wohne, habe damals ein maler, ein tier- und insbesondere ein *vogel*maler, der federspiel (federspiel habe er »sich geschrieben«) gewohnt; vor seinem fenster habe der aus holz eine falle konstruiert, die, als vogelhäuschen getarnt, vermittels eines einfachen zuschnapp-mechanismus ihm vögel zum abmalen hätte fangen sollen; er, mein vater, und andere seien aber lausbuben, lauser, gewesen und haben im winter oft schneebälle auf die falle geworfen, so lange, bis die falle hörbar zugeschnappt und der federspiel aus dem haus gestürzt sei, um den vermeintlich gefangenen vogel sich zu holen, der federspiel . . .

nach absolvierung der bürgerschule habe er »beim hirschegger«, einem textilgeschäft auf dem villacher hauptplatz, seine lehre als verkäufer angetreten. (wie oft habe ich gehört: »beim hirschegger . . .« . . . »– mit mir beim hirschegger gewesen . . .« . . . »hirschegger«, hirschegger und noch einmal hirschegger . . .). er sei sehr fleißig und deshalb »beim alten hirschegger sehr beliebt« gewesen. während die anderen verkäufer nur »die gaudé im schädl« gehabt haben, während sie »ihr geld verputzt« und sich, noch bevor sie eine »entsprechende existenz-grundlage« gehabt hätten, bereits um »frauen gekümmert« haben (manche seien dafür heute noch »ladlschupfer«), habe er sich mit dem gedanken getragen, selbst ein geschäft zu eröffnen; die andern seien tanzen gegangen, er jedoch habe sich in einen park gesetzt, sei im park gesessen und habe kalkuliert, habe nachgedacht, was er für den anfang brauche. »zuerst der beruf, dann kommen die frauen«, habe er sich gesagt.
in seiner villacher lehr- und verkäuferzeit sei er mitglied im *»katholischen burschenverein«* in st. nikolai gewesen. »beim burschenverein« *(burschenverein* und immerwieder *burschenverein)* haben sie, habe ich gehört, eishockey gespielt, selbst theater haben sie gespielt »beim burschenverein«, theater im großen pfarrsaal, einen fähnrich zum beispiel (beleg: fotografie) habe er dargestellt; *bergtouren* haben sie unternommen und *kammwanderungen* (fotos: »auf der karlsbaderhütte«, »vor der pacheinerhütte«, »beim gebet auf der egger-alm«), schwirige routen manchmal, später auch und vor allem mit berger, einem, seinem freund aus seiner klagenfurter verkäuferzeit; berger, der nachmalige großhandelskaufmann, habe auf geröllhalden oder beim begehen schwieriger grate oft angst

gehabt, und immer, wenn der berger angst gehabt habe, habe der berger zu pfeifen begonnen der berger.
oft und gern sei mein vater »*auf die berge*« gegangen, enzian habe er gepflückt und edelweiß, almrausch und petagstam; die edelweiß hat er in den wenigen büchern, die er besessen hat, gepreßt und aufbewahrt. (im laufe meiner kindheit habe ich feststellen können, daß es in unserem haushalt, genauer in einem nebenfach des im wohnzimmer stehenden *secretärs* immer gleichbleibend wenig bücher und, im verhältnis dazu, gleichbleibend viele edelweiß in den büchern gegeben hat.)
»oben«, unter den kastanienbäumen, habe ein *warmer*, ein »warmer bruder« einmal den plötzlichen versuch unternommen, ihn zu küssen. ahnungslos habe er sich von jenem herrn soundso, den er zwar gekannt, von dem er aber nicht gewußt habe, daß er ein warmer bruder sei, nachhause begleiten lassen, ahnungslos habe er sich noch mit ihm unterhalten, als dieser, für meinen vater völlig unverhofft, angefangen habe, ihn »abzubussln«; er, mein vater, aber habe *aufgeschrien* und sich losgerissen und ihn weggestoßen und »hinauf« sei er gerannt und das gesicht sich abgewaschen habe er und »auf*e und gwoschn und obgwoschn nnnn brrr*« (– gebärde des *ekels* . . .).
neben dem katholischen burschenverein habe er noch dem *christlichdeutschen turnverein* angehört, mit dem christlichdeutschen turnverein sei er einmal zu einem turnerfest nach leipzig gefahren, durch dresden sei er gekommen, durch chemnitz, schweinfurt, jena.
seinen erzählungen und ermahnungen (besonders während meiner pubertät) ist zu entnehmen, daß er *vorehelichen verkehr* nicht gehabt hat, auch der *selbst-*

befleckung nie verfallen ist. gegen die gefahr nächtlicher pollutionen habe er einen *pollutionsring* aufgeboten: einen nachts über das glied zu stülpenden ring mit nach innen gerichteten spitzen, der ein steifwerden des gliedes verhindert. (»wenn in der nacht etwas passiert du weißt schon«, hat er zu mir gesagt, dann sei das ein zeichen von *schwäche,* das wiederum *schwäche* erzeuge; dagegen helfe ein pollutionsring...) ein fescher bursch sei er gewesen. mit frauen, »auf die schlechtigkeit . . . auf die schlechtigkeit . . .« (a. kofler), habe er sich jedoch »nie eingelassen«, man müsse ja so aufpassen, die weiba seien ja so raffiniert: »10 minuten rittmeister, 18 jahr zahlmeister« (»so is es meistns . . .«).
während des tanzkurses, den er (wie später auch ich) in der tanzschule scheiber absolviert hat, in seiner tanzschulzeit, sei er »mit der trude gegangen«: stets »anständig und lustig in ehren«.
immer ein guter *sportler,* stets ein begeisterter zuschauer. rudi hiden, vogl, schall, smistik, jerusalem, sindelar, das sei eine mannschaft, das sei noch fußball gewesen. der *vsv* habe die tauernliga angeführt: krautvicki haben gespielt, petz und melchior.
kein raucher, kein trinker (»nikotin – gift!« . . . »so ein rausch – etwas grausliches . . .«): ursprünglich eine zigarette am tag, eine »la favorite«, am abend geraucht ohne lungenzug, später eine zigarette wöchentlich, am sonntag, »beim zuckerbäcker«, zum kaffee; eine flasche dunkles bier zu zweit zum sonntagsmittagessen, ein glas wein sonntag abends beim onkel unterwelz, ein glas sekt zu sylvester.
er habe schon viel mitgemacht, viel »mitmachen müssen«. er sei immer fest geblieben im glauben. letzten endes sei er dafür auch immer belohnt worden. ein

krieg sei etwas »grausliches«. aus diesem, dem zweiten welt-krieg, hat er mir, wie gesagt, am sonntagmorgen, im ehebett, unter dem braunen holzkreuz, erzählt, jeden sonntag, wie mir vorkommt, dasselbe (erinnerungsfetzen –): »feldjäger« sei er gewesen . . . »in sarajevo« . . . »auf der insel kordschula« . . . (immer wieder:) »sarajevo . . .« . . . »insel kordschula« . . . »im lazarett« (die narbe an seinem rücken sei von einem granatsplitter) . . . »wie i im lazarett gwesn bin . . .«, wie er malaria gehabt habe, wie er in der schreibstube beschäftigt gewesen sei, »beim spieß« . . . – habe der spieß gesagt . . .
(– im zelt, gerade sei er von einem patrouillengang zurückgekommen, im zelt habe er die schuhe ausgezogen und sich nieder-, sich hinlegen wollen, da habe er's schon gehört, in der luft, pssss . . . er also die schuhe wieder an und nichts wie –)
grausliche sachen hätten die partisanen gemacht, männern das puzzile weggeschnitten . . . (die männer des dorfes hätten sich in der schule versammeln müssen, seien in die schule getrieben, zusammengetrieben worden . . . dann habe der spieß angeordnet, –)
sonderurlaub habe er bekommen. seine erste frau, die mutter des ernsti, meines halbbruders, sei beim überqueren der rennsteinerstraße von einer bombe zerrissen worden. das geschäft sei zerstört gewesen, in der kernstockstraße 9 habe es den balkon (auf dem ich später gespielt habe) weggerissen; in die jauchengrube darunter sei er gefallen.
(– sonderurlaub, wieder in villach und immer noch krieg: mit seinem rad sei er gerade »beim durchlaß« in der ossiacherzeile gewesen, da sei plötzlich alles »taghell« gewesen,– »christbamln«, leuchtfallschirme, und in der ferne habe er auch schon die flugzeuge

gehört und er sei gerast und habe getreten und getreten, die merbothstraße hinauf und dann hinunter zum haus seiner tante und herunter vom rad und hinein in den keller, gerade noch rechtzeitig, denn hinter ihm habe der luftdruck einer detonation die haustür des reinhard-hauses aus den angeln gerissen, und unten, im keller, seien die frauen gesessen und hätten gebetet, laut gebetet: damals hätten die leute wieder beten gelernt, damals hätten sie plötzlich wieder »einen hergott gekannt«.
eine operette, zumal von lehar, sei etwas schönes. das wilja-lied, gesungen von anneliese rothenberger, das wolga-lied, gesungen von rudolf schock, oder, überhaupt, seine lieblingsoperette, »das land des lächelns« – »immer nur lächeln und immer vergnügt, 's geht keinen was an wies drinnen aussieht«: bewegung, rührung, trotz, keine tränen zwar, doch hin und wieder feuchte augen.

*

meine mutter
(»bisch a tirola, bisch a oasch;
bisch ka tirola, bisch a a oasch.«)

meine großeltern mütterlicherseits sind – auch sie – schneider gewesen, schneider der opa, schneiderin die oma. das vaterhaus meiner großmutter (sechs geschwister habe sie gehabt, davon fünf schwestern, die benediktersschwestern, meine nachmaligen großtanten: die tante unterwelz, die tant' marie (das »wehwehtantile«, die tante holzmann, die tante koller, die tante kathi), das vaterhaus meiner großmutter mütterlicherseits stehe in berg im drautal, »beim stroßngolla«, beim straßengaller, so sei der hausname.

berg liegt an der bahnlinie von spital nach lienz.
auch der herr feichter, »da pepi«, sei aufgewachsen im berger straßengaller-haus.
meine mutter habe berg manchmal besucht, auch ich habe berg einmal einen besuch abstatten müssen; berg.
eine kindheit in lienz, in einem lienzer albin-egger-straßen-haus. lienz, muß man wissen, liegt in einem talkessel. die lienzer dolomiten seien majestätisch. ein schönes haus sei die villa orion gewesen, ein schönes haus, »da vata«, der schneidermeister moser, habe dort seine werkstätte gehabt; »die albin-egger-stroßn, mei« . . . sie seien dort aufgewachsen: sie und »da fritz«, ihr zwillingsbruder, mein nachmaliger onkel, der spätere kriminalinspektor und feinkostgeschäftsbesitzer. jähzornig, »immer schon so jähzornig« sei er gewesen, da fritz, teiflisch, fuxteiflswild (»do bin i oba teiflisch wurn . . .«). lienz liegt in einem talkessel.
eine »sehr begotische« familie. streng sei sie erzogen worden, »aber gerecht«. immer gewußt zu haben, was sie »ihrem hergott schuldig sei«, das verstehe sich von selbst. die volksschule und die bürgerschule habe sie in einem lienzer kloster, in einer lienzer klostervolks- und klosterbürgerschule besucht. (auf den weiteren lebensweg, »ins leben hinaus« mitbekommen und immer in ehren gehalten: ein *beichtbild* von der abschlußbeichte – »mein liebes kind! (. . .) – sowie gottes reichsten segen wünscht dir deine mutter oberin. lienz, am . . 19 . . »).
eine gute schülerin. das lernen habe ihr immer spaß gemacht. eine gute schülerin. »schundheftln« habe sie nie gelesen, »billigen schund«, wo von nichts anderem die rede sei als »vom schießn und mesastechn und niedaschlogn«. rolf torring habe sie gelesen, »lehr-

reich« und hier siege das gute. (rolf torrings abenteuer habe auch ich später lesen dürfen.) in ihrer nachbarschaft habe einer immer diese »billigen tomschack-heftln« gelesen, und prompt (»und prompt!«) sei aus jenem ein verbrecher geworden. »sage mir, was du liest, und ich sage dir, wer du bist.«
(– ein festgefügter, durch jahrzehnte gleichbleibender fundus an sprichwörtern und liedanfängen und hausgemachten ›verhaltensmaßregeln‹: »–, sagt man«, immer wieder »–, sagt man«, »man sagt ja auch: –« oder »–, heißts im lied«, »– im lied« oder, ein hausmacher: »wie mans antrifft, verläßt mans«, das klo zum beispiel, wenn ich allen ermahnungen zum trotz nachher die brille nicht wieder »hinaufgetan« habe. –)
ausflüge »mitn vata«, wallfahrten. spaziergänge nach schloß bruck, fußwanderungen nach schloß lengberg. (die tante unterwelz sei damals köchin und die tant' marie verwalterin auf schloß lengberg gewesen; auch sie selbst, meine mutter, sei später, »als junges mädchen« als serviererin auf schloß lengberg beschäftigt gewesen; die holländische königin, »die königin juliana« habe damals einen urlaub auf schloß lengberg verbracht und zum abschied allen bediensteten des schlosses eine silberne nadel mit der königskrone darauf schenken lassen. ehrfurcht seither vor allem monarchischen: »so eine feine frau die königin juliane« . . . »mei – die kaiserin charlotte die is wahnsinnig wordn . . . so eine arme frau . . .«).
in der elterlichen albin-egger-straßen-schneiderei seien bis zu zehn schneiderinnen beschäftigt, bis zu zehn lehrmädchen zu schneiderinnen, schneidergesellen ausgebildet worden. die meisten, nicht alle, seien rechtschaffene menschen geworden, ein rechtschaffener mensch zum beispiel die zwischenberger mariann,

auf grund dieser rechtschaffenheit die nachmalige besitzerin des alpenhotels wacht (noch heute sei sie dankbar . . .), kein rechtschaffener mensch zum beispiel jene »gitsche«, die lienzer, lienz liegt in einem talkessel, pflegen im abwertenden sprachgebrauch statt mädchen »gitsche« zu sagen, kein rechtschaffener mensch jedenfalls jene »gitsche«, die – zitiert aus den erzählungen über einen *zimmerbrand* – nur die burschn, »halt nur die löta im schädl ghabt« habe (nur die schlechtigkeit . . . nur die schlechtigkeit . . .), von vornherein also nicht rechtschaffen gewesen sei und eines abends teilweise noch glühende asche aus dem schneiderei-ofen in den aschen- und abfallkübel getan habe und daraufhin, als letzte, weggegangen sei (man kann sich vorstellen, wohin); die glutreste im aschen- und abfallkübel aber hätten weiter-geglost und schließlich den abfall und in der folge umliegende und herumstehende einrichtungsgegenstände in brand gesetzt: so habe die schlechtigkeit eines lehrmädchens, deren mangelnde bereitschaft zur rechtschaffenheit in der schneiderei einen *zimmerbrand* verursacht, ein zimmerbrand in der albin-egger-straße, gottseidank habe meine großmutter das feuer durch zufall rechtzeitig bemerkt, man habe den zimmerbrand löschen können, und die gitsche sei natürlich sofort und fristlos hinausgeschmissen worden.
irgendwann, irgendwie, die näheren umstände und gründe sind mir nicht bekannt, sind mir nie mitgeteilt worden, »auf einmal« jedenfalls habe der bis dahin so brave und so begotische vata, mein mir unbekannter großvater mütterlicherseits, »vom hergot nix mehr wissn wolln, aufn hergot nix mehr gholtn . . .«. statt, wie bisher, am sonntagvormittag mit den kindern in die kirche zu gehen, sei er am sonntagvormittag mit

den kindern spazieren gegangen, »in die natur« gegangen mit ihnen, die aber immer »zur mutter und zum glauben ghaltn« haben. »kämpfn müssn« habe ihre mutter für den glauben und »viel mitmachn«; keine kirchensteuer habe da vata mehr zahlen wollen, verboten habe er den kindern das kirchengehn, ausgetreten sei er schließlich aus der kirche; keine andere möglichkeit, die kinder religiös zu erziehn, habe die oma mehr gehabt als die, sich letztlich scheiden zu lassen. die kinder seien der mutter zugesprochen worden, in der folge haben sie ihre heimat in der lienzer albin-egger-straße verlassen und seien nach klein-vassach bei villach verzogen; die oma habe dort ein haus gekauft, jenes haus übrigens, in dem (wie ich erst sehr viel später erfahren habe), zu einer zeit, da das haus noch nicht im besitz meiner großmutter gewesen war, der beliebte reaktionär, reiseschriftsteller und mir auf das äußerste verhaßte volksliterat humbert fink zur welt gekommen sein soll.
mein großvater sei wohl auch weiterhin, in der zeit seiner nichtgläubigkeit, ein rechtschaffener und arbeitsamer und anständiger mensch geblieben, aber »ohne den segn von unserm hergot« sei »eben alles nix« und gehe »eben alles schief«. kurz vor seinem tod aber – ich habe diesem begräbnis beigewohnt – habe er »mitm hergot doch noch reinen tisch gemacht.«
eine gute schülerin. lernen habe ihr immer freude gemacht. sie habe viel, alles, was man später einmal brauchen könne (und alles, was man einmal gelernt habe, könne man später einmal brauchen) ge- und erlernt: »wissen ist macht« und »was hänschen nicht lernt, lernt hans nimmermehr«, heiße es, sage man. »beim rettl«, in villach (wiederholt gehört, ich: »beim

rettl«... »mit mir beim rettl gewesen...«), beim rettl habe sie als schneiderin gearbeitet. »bei da patek«, einer diät-küche, einem »feinen restaurant«, wo man nicht habe rauchen dürfen, »bei da patek« habe sie »kochen gelernt.«
in abendkursen habe sie sich weitergebildet. maschinenschreiben habe sie gelernt in abendkursen, zehnfinger-system, buchhaltung und englisch in wort und schrift (und wie sie das habe brauchen können, später, während der englischen besatzung; im büro des »town-majors«, des villacher stadtkommandanten, sei sie beschäftigt gewesen...). die fahrschule habe sie besucht, »beim szöke« den führerschein erworben. selbst einen fernkurs über graphologie habe sie angefangen zu absolvieren.
ein fesches mädl, sie sei ein fesches mädl gewesen, nie aber habe sie sich auf »irgend etwas eingelassen«, sich nie etwas »vergeben« (... und lustig in ehren). zudringlichkeit, eindeutigkeiten und zweideutigkeiten habe sie stets entschieden zurückgewiesen (» – die frau in den schmutz ziehn«... »nur die schlechtigkeit...«). immer gewußt zu haben, was vor der ehe sich gehöre und was nicht, sei selbstverständlich.
eine operette sei etwas schönes, kirchenmusik, dargeboten von kirchenchor und -orchester der pfarre st. nikolai, sei »herrlich«; ihre lieblingsschlager aber seien, zu hören nur im wunschkonzert, »sei zufrieden« und das lied »von die oltn leit«.

sei zufrieden (auszug):
sei zufrieden, sei zufrieden, / was du bist und was du hast, / jeder tag bringt neue sorgen, / jeder tag bringt neue last.

won i an oltn menschen siag (auszug):
ein olter mensch der is für mich / als wie ein gotteshaus / weil von da kiachn und von die oltn leit / do geht ein se-gen aus.

                    *

meine eltern
(was mag vorgegangen sein in ihnen, als / sie das erste mal / sich gegenüberstanden und / (wahrscheinlich ist es so gewesen) / einander vorgestellt wurden, was / haben sie gesagt und / was sich gedacht und was / sich nicht gedacht nicht / denken können und wollen weil / sowas zu denken damals / nicht statthaft gewesen ist –)

es sei immer eine gute ehe gewesen, immer sei es eine gute ehe gewesen.
sie seien heute noch so glücklich wie »am ersten tag«.
geheiratet haben sie in maria wörth, dem wallfahrtsort am wörthersee, in der kirche auf der halbinsel. eine große hochzeit sei es gewesen, eine große hochzeit. »der herr petschnig«, der petschnig-viktor, »seinerzeit« villacher bürgermeister, sei trauzeuge, hanne und heidi, »die hanne und die heidi«, die beiden nichten, seien brautjungfern gewesen. ein langer schleier. eine große »tafel«. eine große, eine schöne hochzeit. maria wörth liegt auf der »schattnseitn« des wörthersees.
der altersunterschied von zehn jahren sei ideal, sei »gerade recht«. eine frau solle zehn jahre jünger sein als der mann, für eine gute ehe solle die frau zehn jahre jünger sein als der mann. eine frau altere ja viel schneller als ein mann, und was mache dann ein noch junger mann mit einer altgewordenen frau.
(er sehe aus wie der hans holt, sei meinem vater

häufig gesagt worden, mit dem hans holt sei er oft verglichen worden.)
viel wichtiger aber als der altersunterschied, ja das wichtigste überhaupt seien das gottvertraun, der glaube, die sittlichkeit, da hergot. ohne den hergot sei alles nix. kein tag ohne morgen- und abendgebet, kein sonntag, kein sonntagsausflug, ohne sich vorher den seg'n geholt zu haben *(vorher* müsse man sich den seg'n holen und nicht *nachher,* in der abendmesse, so als wie die lax'n christn. keine mahlzeit womöglich ohne tischgebet, keine »prüfung« (keine zu überstehende schwierigkeit), ohne vorher »einen guten gedanken« zu fassen. »wenn *du* auf den hergott nicht vergißt, dann wird *er* auf *dich* auch nicht vergessen«. rosenkranz, friedhofsbesuch (fast kein sonntag ohne --), maiandacht (»gottesmut-ter sü-ü-ü-ü-ße o-oh ma-a-ri-i-a-a hilf . . .«).
vorstellungen vom glauben, vom effekt desselben (erfolg auf erden und ewige glückseligkeit),
vorstellungen vom himmel, vom eingehn in denselben (hergot: jo der kofler ernst und die kofler anni jo dos sind wol zwei gonz treue und brave . . .).
jeder geschäftliche erfolg, jedes schöne ausflugswetter am sonntag ein geschenk gottes, selbst sonnenschein zum wäschetrocknen ein beweis seiner persönlichen zuneigung – »mi muaß da hergot wol gern hobn . . .«.
und: »das«, »*das* gel du weißt schon . . .«, »*das* du verstehst uns schon . . . das *geschlechtliche*« das müsse ja nicht sein das sei nicht das *allerwichtigste*« schau die priester an »die kämen ja auch ohne *das* aus ohne das geschlechtliche«.
(nur die schlechtigkeit.)
die totale abhängigkeit, die totale *nicht-einmal-geschlechtliche* abhängigkeit voneinander als höchstes

ideal: kein noch so kurzes weg-sein-voneinander ohne anruf, ohne brief, ohne karte, ohne vergiß-mein-nicht. (»mein liebstes muttile!«)

*

ERZIEHUNGSGRUNDSÄTZE, VERSTÄNDIGUNGSATTRAPPEN, STEREOTYPIEN

strafe muß sein.
wenn nein ist, ist nein.
wer denn die tür zumache, die frau wurm?
unser hergott hat alles so wundervoll eingerichtet und die menschen sind so . . . so –
ein kind hat zum grüßen.
– aber ein tier enttäuscht einen nie.
wer denn die tür zumache, die frau blaschke?
deine einzigen freunde sind deine eltern.
ein kind hat zum folgen aufs wort.
immer predigt man . . .
wer den groschen nicht ehrt, ist des schillings nicht wert.
– natur is ja so etwas herrliches . . .
die eltern sind die stellvertreter gottes auf erden.
für wen man denn predige, für die luft?
ein kind hat nicht zurückzumreden.
erst die arbeit, dann das spiel.
eine solche impertinenz!
du ju go, tust du gehen, sagt der engländer.
stehln und liagn gehn über a stiagn.
für wen man denn predige, für die wand?
sondergleichen . . .
eine frechheit sondergleichen . . .
wer einmal lügt, dem glaubt man nicht, und wenn er auch die wahrheit spricht.

eine schmutzerei sondergleichen . . .
eine *impertinenz sondergleichen!*

*

»ein prachtexemplar«, soll die schwester liesl nach meiner geburt zu meiner mutter gesagt haben, »ein prachtexemplar«.

oral. ich sei ein ganzes jahr gestillt worden, *über ein jahr* habe sie mich *gestillt,* hat meine mutter gesagt.
(– später, auf dem iselsberg, im sommer (siehe: iselsberg – urlaub) habe ich eines nachmittags, im zuge eines versteckspiels erhitzt auf der suche nach versteckten mitspielern, im »haus enzian«, der dependance des gasthofes, eine tür aufgerissen, ich kleiner idiot, und erschreckt innegehalten: vor mir, im zimmer, ist die *magd* gesessen und hat ihrem kind die *brust* gegeben, die rechte.)
die erinnerung – die am tiefsten zurückreichende? – an ein rot-schwarzes herrenfahrrad (papa) und an ein grün-schwarzes damenfahrrad (mutti), an dessen lenkstange, an einen dort befestigten drahtkorb: für mich, zum sitzen.
bevor meine eltern mich *werner* gerufen haben, bevor ich auf den namen werner als den meinen reagiert habe, bin ich (ein kleines »puzzi«, ein »puzzile« noch) *guggile* genannt worden, ein kosename, »jo du guggile du . . .« meine einzige assoziation dazu: unsere küche am abend, geöffnete balkontür nach einbruch der dunkelheit (sommer), die weißgestrichene kredenz mit einem aschenbecher darauf, nach dem ich, von meinem vater hochgehoben, greife; ferner der charakteristische geruch eines eben ausgeblasenen streichholzes.

bei tisch.
der sei gestorben und *der,* und »waßt« (weißt du) »wer a noch gstorbn is«, (wer auch noch gestorben sei) – »die . . . die . . . no . . . waßt eh die dicke do die –« (mein vater). »aber ernst jetzt hör doch auf mit die todesfälle dauernd bein essn« (meine mutter) »dos is doch kein *tischkurs!*«

tagesablauf. frühstück: butter- oder honig- oder marmeladebrot, malzkaffee, seltener milch, hin und wieder »schterz« (polentagries) vom vorabend. jause: speck- oder butter- oder *alma-rahm*-streichkäse-brot, apfel. mittagessen (auswahl): topfnnudln, rindfleisch, spinat und spiegelei, naturschnitzel, wuchteln in vanillesauce, schinkenfleckerln, schterz mit saurer milch oder kaffee. abendessen (auswahl): schterz, weiches ei und verschiedene brote, knacker in essig und öl, milchreis oder, samstags, aufschnitt.

verweis. so ein wort (ein unflätiges), »*so ein wort* nehm ich jo nicht einmol *in den mund!*«

*

DIE KERNSTOCKSTRASSE

die nur einige hundert meter lange kernstockstraße, so benannt nach dem steirischen priesterdichter und kriegshetzer *ottokar kernstock,* verbindet die rennsteinerstraße mit der genotteallee; trotzdem ist die kernstockstraße weniger eine verbindungsstraße als vielmehr ein zufahrtsweg zu den wenigen kernstockstraßenhäusern gewesen. die kernstockstraße – seinerzeit (zu meiner zeit) noch nicht asphaltiert und je nach dem wetter bald *staubtrocken,* bald *quatschnaß* – führt

durch eine mulde; will man, von der rennsteinerstraße, der genotteallee oder von der linder brücke kommend, in ein kernstockstraßenhaus oder kommt man, zur linder brücke, genotteallee oder rennsteinerstraße wollend, aus einem kernstockstraßenhaus, man muß in jedem fall eine hier leichte, dort stärkere steigung bewältigen. ist jemand seinerzeit, die heutigen verhältnisse entziehen sich meiner kenntnis, von der genotteallee durch die kernstockstraße zur rennsteinerstraße gegangen, so ist er linkerhand an den fünf kernstockstraßenhäusern und rechterhand an einer angenehm verwahrlosten, durch den fußweg zur linderbrücke geteilten, gemeindeeigenen wiese vorübergekommen. (angeberische kinder haben von dieser wiese immer wieder behauptet, sie gehöre »*nämlich*« ihrem papa oder ihrer mama, »zufällig... wannst nix dagegen hast...«).
(parallel zur kernstockstraße, hinter den kernstockstraßenhäusern und den dazugehörigen obst- und gemüsegärten, hat eine nur von lastenzügen frequentierte bahnlinie genotteallee und rennsteinerstraße gekreuzt.)
fünf alte häuser; abort im stiegenhaus, ziehbrunnen im hof. gelbe, graue und braune fassaden, noch mit den spuren des zweiten weltkriegs überzogen wie ein gesicht mit pickeln. zinshäuser. jedes haus hat seinen hausherrn gehabt, hausbesitzer und hausbenützer haben unter ein- und demselben dach gewohnt. (zins zahl'n, zinszettel austrag'n. zinszettel austrag'n, monatliche aufgabe der hausbesitzerskinder.) im hof eines jeden kernstockstraßenhauses eine werkstätte: ein fliesenleger, ein glaserer, ein bau- und möbeltischler, ein herren- und damenschneider; das lager eines möbelgeschäftes. (die ordination eines praktischen

arztes, dr. med. h. stromberger, prakt. arzt.) in jedem kernstockstraßenhaus haben durchschnittlich etwa sechs hausparteien gewohnt. eisenbahnerfamilien, gemeindebedienstete, rentner und rentnerinnen, ein koch, ein krankenwärter, ein autobuschauffeur und zwei gelegenheitsarbeiter: der herr steiner und der herr mack, zwei, die (wie unter den übrigen kernstockstraßeneinwohnern hinter vorgehaltener hand erzählt worden ist) »ja heute noch ihren posten« – bei bahn und post – »haben könnten . . . (so ein schöner posten) . . .«, die sich aber »etwas *zuschulden* kommen lassen« haben – der eine, ehedem briefträger, habe geld unterschlagen, der andere, ehemals eisenbahner, habe kohlen gestohlen.
familie jakob poglitsch. familie schaller. familie h. tarmann, g. stichaller, öbb-bediensteter. familie ernst kofler, kaufmann. w. waldherr.

poglitsch.
wenn der kleine, dürre herr poglitsch, koch in der hauptbahnhofsrestauration, manchmal, mühsam sein fahrrad schiebend, angetrunken nach hause gekommen ist, hat man ihn nachts, zumal im sommer, bei geöffneten fenstern, im dunklen poglitsch-schlafzimmer vor sich hin reden hören. ein ungleiches paar: er, wie gesagt, klein, sie hingegen groß und von krankhafter, teigiger, aufgequollener beleibtheit (« eine drüsengschicht . . . eine drüsengschicht«). wenn es nicht geregnet hat, ist die frau poglitsch oft tagsüber vor der ebenerdigen zwei-zimmer-wohnung auf einem schemel gesessen und hat *romane* gelesen, die *rz* vornehmlich, die »illustrierte romanzeitung«, »waßt i tua roman lesn«, hat sie zu mir gesagt, roman lesen, den ganzen tag, die ganze woche roman lesen.

schaller.
die schaller-burgi hat einmal, erinnere ich mich, hokkend beim spielen im hof (ich bin hinter ihr gehockt) die unterhose *ganz schnell* hinunter- und ganz schnell wieder hinaufgezogen.
tarmann junior.
tarmann-harald, was habe ich später über dich erfahren müssen? ein »ganzer schwein ein richtiger saukerl ein grauslicher« seist du geworden, *nackt* habest du in der elterlichen »holzlage« geschweinigelt (das fräuln dora hat dich nämlich gesehn dabei!), und *nackt* habest du in unserem hof die hanne, meine cousine, durchs fenster beim baden beobachten wollen?
stichaller.
bild: der herr stichaller, ein eisenbahner, wie er in seiner freizeit am küchenfenster »beim licht« sitzt und seine markensammlung sortiert.
aus dem nebenhaus: möbel waldherr, geschichte einer verwechslung. der im nebenhaus wohnende möbelhändler drachsler, »da draxla« hat, um auf das vorhandensein seines lagerhauses, seines möbellagers werbewirksam hinzuweisen, an der kernstockstraßenfront seines hauses in großen dunkelbraunen lettern die aufschrift »*möbel drachsler*« anbringen lassen. da aber, wie sich im lauf der zeit herausgestellt hat, die leute (die kleinen vor allem und ungebildeten) nicht imstande gewesen sind, einen »*möbel drachsler*« von einem *möbeldrechsler* zu unterscheiden, ständig den »draxla« mit dem »drexla« verwechselt haben, hat der alte drachsler die buchstaben wieder herunternehmen lassen. (andauernd, *andauernd* seien, angelockt durch die falsch verstandene aufschrift, leute gekommen, die möbel oder möbelteile gedrechselt haben wollten . . . ja aber wieso, draußen stehe doch . . . aber drachsler

sei doch nur der name, außerdem heiße es drechsler und nicht drachsler, wenn schon . . .). um als drachsler mit namen nicht dauernd für einen drechsler von beruf gehalten zu werden, andrerseits aber weiterhin auf das reichhaltige möbelsortiment aufmerksam zu machen, hat der seniorchef (drachsler) das unternehmen umgetauft auf den namen des juniorchefs, seines schwiegersohnes (waldherr) – statt, wie bisher, »möbel drachsler« nunmehr, in großen dunkelbraunen lettern, »möbel waldherr«.)

*

kernstockstraße 9: erfahrungen und lernprozesse.

*(– am anfang war die mutti, und die mutti
war beim papa, aber der papa
war nicht die mutti . . .)*

umwelt (auswahl): die mutti, der papa, die oma, der ernsti, die tante wettl, der manfred, die tante maria, der onkel rudi, die hanne, die frau longin, der loisl; und: die küche, der balkon, das gitter, der hof, der radio, die zigeunerin, die straße, die lacke, das bravsein;
oder: der murli, die frau puscheniak, der kaus, der arthur, das fräuln dora, der himmelvater.
die tante wettl.
die tante wettl aus hermagor, die frau vom unter uns, im parterre wohnenden onkel mack, ist von »die windischen« gewesen, weil die hermagorer seien ja »olles windische«.

der manfred.
der manfred, der sohn vom onkel mack und der tante wettl, sei ein »grober *tule«,* ein *»tule* ein schiacha . . .«
der onkel rudi.
der onkel rudi sei ein »ungehobelter klachl«, der überall im hof seine »klachl« herumspucke, ein sozi obendrein, denn die auf der gemeinde seien »jo olles rote«.
der radio.
vormittags: ein gruß an dich (»wunschpost habe ich heute für –«)/: brauchst dem kaiser kein' zins zu geben / köhlerliesel köhlerlie-i-sel / brennend heißer wüstensand / schneewalzer. anschließend: plosnasautsche plosnasautsche – die sendung für unsere slowe- (klack, abgedreht.)
umwelt (erweitertes blickfeld):
die steiner-häuser, der annenhof, die bahnschranke, die eisenbahner-häuser, die kasmannhuberstraße, der draukai, die rennsteinerstraße, die *fleischbank,* die *milchhalle.*
unser geschäft.
(die andern geschäfte. –)

*

reinlichkeit und reinheit:
benennungen und rituale

(*aa*
hunde – a a
pferde – a a
herren- und
damen-a a
a a!)

(beutln
puzzile
puzzile abbeutln
tu das
puzzile abbeutln
schön das
puzzile abbeuteln!)

anal (urethral): ich habe gelernt, »aufn topf *a a*«, später »aufs klo große not machen« zu gehen und »aufn kübel *lulu*«, später »kleine not« oder, vorher noch, in kleinvassach, bei der tante unterwelz, statt lulu »*wischile* machn« zu gehn; – gelernt, beim a a – machen nicht ins a a hineinzugreifen, weil es *grauslich* sei, nach dem a a – machen mir sorgfältig den »potsch zu putzn«, nachher nie zu vergessen, mir die hände zu waschen und, falls ich »pretschn« – »pretschn«! – oder »einen fahrn lassen« müsse, vor die tür zu gehen und mich dort »auszupretschn« und »auszustinken«; habe ich viel pretschn müssen, bin ich – lustig – eine »pretschkathl« genannt worden. ich habe erfahren, daß ich beim lulu-machn »schön in den kübl hinein« und nicht daneben oder darüber machen müsse (dennoch hat sich hin und wieder ein strahl über den kübelrand hinaus ins *kastl* dahinter verirrt – »hot der fok schon wida driba gmocht!«), – erfahren, daß ich nach dem lulu-machn das »puzzile abbeutln« müsse, damit nicht »a paar tröpfln« in die hose gehn, und daß ich das, was die gassenbubn sagen (»pater matzl scheißt ein batzl«, haben die gassenbuben beispielsweise gerufen) keinesfalls nachsagen dürfe und »am besten« gar nicht hinhören solle.

analsadismus. bin ich schlimm gewesen, habe ich nicht gefolgt, habe ich eines der göttlichen zehn oder eines der internen haus- oder, später, eines der offiziellen schul-gebote und -verbote nicht befolgt, dann habe ich, zur strafe, von den anderen strafen sei hier abgesehn, auf den *»bloßen hintern* die *rute* bekommen« – auch: »wix«, »wix gekriegt«, »wams«, »schleg kriagt«, »durchgewixt worden«.

die rute ist ein – etwas kleiner als üblich gefertigter – weidenbesen gewesen, wie er – in seiner üblichen größe – bei uns zum »hof kehrn« verwendung gefunden hat.

der *platz der rute* ist auf der kredenz, neben der küchenwaage, gewesen.

je nach gebräuchshäufigkeit schnell oder langsam kleiner und kleiner werdend, ist von der rute früher oder später »nix mehr do gewesen davon« und hat die kaputte, bis zum griff kleingewixte, nunmehr wixuntüchtige rute durch eine neue, frische, große rute ersetzt werden müssen.

»a so tust du – jo don wer ich gleich die neue rute einweihn müssn nicht wohr . . .«

wenn ich »gepenzt« habe, das heißt, ein bereits abschlägig, »wenn nein ist ist nein«, beantwortetes ansinnen habe durchsetzen wollen: ich tue wohl »rute bettln« oder ich tue »wohl schleg trutzn« . . .

vollzugsort des durchwixens ist entweder das nur zu weihnachten bewohnte wohnzimmer oder das elterliche schlafzimmer gewesen. gefolgt entweder, untertags, bei spontanem vollzug, von der mutti oder, abends, nach einem vorangegangenen plädoyer der mutti, vom papa, hab ich ins jeweilige zimmer hinein-

gehn, hose und unterhose hinuntertun und mich entweder über ein bett oder in ein »fotel« beugen müssen; dann habe ich,
immer wieder »bitte nicht« und »ich wer das nicht mehr tun« brüllend, auf den
»nackerten potschi«
– »wer nicht hören will, muß fühlen« –
die
»*rute* zu *spüren* bekommen«, bis »du striemen hast«, bis ich striemen gehabt habe.
(erregt: »dos wern wir dir noch austreibn . . .«, »– dos wer ma doch xegn hobn . . .«)
(früher, seinerzeit, zu ihrer zeit hätten die kinder *nachher* die rute geküßt, *küssen* müssen, aus dankbarkeit . . .)
entlassung aus dem vollzug, formel: »bitte mutti sei mir wieder gut!« oder: »bitte papa sei mir wieder gut ich wer das nicht mehr tun.«

aus der hausapotheke, im hinblick auf meinen vater: bircher-müsli . . . nedda-würfel . . . darmol . . . dieser verdauungsfördernde kräutertee und jener . . . ein sack mit der aufschrift *leinsamen* (fast jeden abend ein ›heferl‹ mit gekochtem leinsamen, einer *schlatzigen* substanz) . . . *feigen* (ein ›heferl‹ aufgeweichte feigen vorm schlafengehn) . . .
(plötzliche erinnerung an ein foto: mein vater auf einer *entschlackungskur* in bad mühllacken . . .)
das wichtigste für die gesundheit sei ein *geregelter stuhlgang,*
ein geregelter stuhlgang sei für die gesundheit ungeheuer wichtig. wie fein sei das, wenn's »so außigeht« . . . *ah!*

*

KLEINVASSACH: VERWANDTSCHAFT
(wischile
wischile waschile
wischile abwaschile
schön
wischile abwaschile)

kathin, dragoni, amman, rebitz, kotschnig, unterwelz, *asinger*. (*die asinger,* die im haus meiner großmutter mit ihrem mann, dem asinger, ein zimmer bewohnt hat, sei, so bin ich gewarnt worden, »narrisch«, a narrische, die *narrische asinger,* so alt etwa wie die oma, aber eben narrisch. in der tat ist mir die asinger unheimlich gewesen, ist mir die narrische asinger immer unheimlicher geworden. wo immer ich ihr begegnet bin, ob im stiegenhaus oder im garten, gleichgültig, ob sie *waschschüsseln* und *kaschplkübel* die stiegen herunter zum misthaufen getragen hat, um jene dort auszuleeren, oder ob sie wäsche aufgehängt hat zum trocknen, »fetzn«, die asinger hat halblaut *vor sich hin geredet,* ohne aufzuhören, ohne unterbrechung vor sich hin geredet, geredet und geredet, das vor-sich-hin-reden hat manchmal den charakter des schimpfens angenommen, manchmal den charakter des fluchens, die lautstärke, seltsam, ist aber immer dieselbe geblieben, gleichbleibend halblaut hat die asinger geredet und geschimpft und geflucht und geredet; habe ich die asinger gegrüßt, und ich habe zur asinger, wenn ich sie gesehen habe, »sgott frau asinger« gesagt, so hat sie meinen gruß ignoriert (oder auch überhaupt nicht registriert) und weiter geredet. die asinger ist narrisch, hat jeder gesagt, die narrische asinger, die red' mit sich selber, und nur die narrischen tun mit sich selber redn, mit sowas müsse man unter einem dache wohnen. eines tages, hat man mir später erzählt, sei es dann soweit gewesen: die asinger sei in eine nervenheilstätte, »ins narrnhaus« eingeliefert worden, wo sie auch gestorben sei. in die ehemalige asinger-wohnung, ins asingerzimmer (»ausgschaut solls habn«) ist dann die um vieles freundlichere, *normale* frau steiner eingezogen, eine exzessive leserin von glocken-, arzt- und heimatromanen.)

erinnerungsspuren
– verwandtschaft; onkln und tantn, großonkln und großtantn, die großmutter; der onkel fritz und die tante fini, der onkel unterwelz und die tante unterwelz, die omama: alte leute mit verschiedenen gebrechen, ihren gebrechen und ihrer nachgiebigkeit entsprechend nicht (nicht mehr) imstande, die von meiner mutter geforderte (»ich bin konsequent«) *rigide* erziehung während meiner oft wochen- und monatelangen aufenthalte im kleinvassacher großmutterhaus lückenlos zu garantieren . . . (eine günstig verlaufene analphase . . .?) . . . (die lobesworte der alten frauen, wenn ich in den topf *aa* oder in den kübel *lulu* gemacht habe – »jo so brav gwesn! jo so viel gmocht! braves wernale!«) . . . ein großer garten, ein angrenzender kukuruz-acker, beide im besitz meiner großmutter . . . ein badewandl, im sommer jeden nachmittag von meiner großmutter ins gras, ins hohe, in die sonne gestellt, damit das wasser warm werde; hineingesetzt hat sie mich dann, ich bin lange im lauwarmen wasser gesessen und habe gepritschelt (vereinzelt blüten im wasser und blätter) . . .
ein großer garten . . . gerüche . . . jauche wegführn . . . das haus kleinvassach 46 ist in einen hügel hineingebaut . . . eine jauchenleitung aus holzrinnen

quer durch den garten, von der jauchengrube am hügel hinunter zum auf dem kukuruzacker haltenden jauchenfuhrwerk, das fluchen der fuhrleute . . . hausgemachte würste, zum selchen in den rauchfang gehängt . . . die küche meiner großmutter, ein riesiger, gemauerter herd . . . mittagessen . . . streit . . . ein schlüsselbund, der auf die blaue tischplatte kracht, »jo zum teufl noch amol . . .« (der jähzornige onkel fritz) . . . eine andere, nächtliche auseinandersetzung . . . bedrohlichkeit . . . eine sommernacht . . . vollmond . . . linde muß mit mir in den garten gehn, im garten mit mir hin und her gehen, damit ich »das alles nicht hörn« müsse; . . . der »stadl«, eine art stallgebäude . . . . . . haustiere, viecher – »meckalen« (ziegen), »pippilen« (hühner), hasen . . . der lockruf meiner großmutter beim hühnerfüttern, »piiipile pipile pipile« . . . die werkstatt, das motorrad meines onkels, eine schwere maschin . . . . . . der weg zur tante unterwelz hinüber, das gatter, »'s gattale«, mein ruf: »tantile gattale aufmochn« . . . bei der tante, im unterwelz-häuschen: »wischile mochn«, »eapa-saftile trinkn« und, auf der tischplatte, den »tamischn hansl« kreisen lassen . . . der fahrbare rauchtisch meines großonkels . . . ein großer garten, ein großer obstgarten . . .; die nähere umgebung: die hufschmiede, der schmied und »sei bledes kind« . . . »oberlehrers«, der oberlehrer moritz, ein händereibender schleicher . . . der nachbar kramer, »'s kramale«, und sein enkel, der rebitz-burli, später ein gelegentlicher spielkamerad . . . das geschäft der tante fini, »schleckareien«: lutscher zu 30 groschen, panulli, stollwerk, »bensdorf«; werbung: schmollpasta, villacher bier . . . der bierwagen, ein pferdefuhrwerk, dicke fuhrleute mit lederschürzen . . .

die nach villach »hinunter« führende treffnerstraße; das fahrrad meiner mutter, ein an der lenkstange befestigter korb, in den sie mich gesetzt hat, wenn sie mich in kleinvassach wieder abgeholt hat und mit mir wieder die treffnerstraße hinunter, an der tischlerei und schusterwerkstätte sereinig vorbei in die kernstockstraße gefahren ist.
wieder zuhause: jetzt wehe wieder ein anderer wind . . . »großmuttererziehung«, das sei ja nichts, »dos is jo nix« . . . großmütter seien viel zu nachgiebig. großmütter verhätschelten und verzartelten die kinder. überhaupt verstünden großmütter nichts von kindererziehung. (in der tat kann ich mich nicht erinnern, von meiner großmutter je die *rute* oder eine andere empfindliche treffende *strafe* bekommen zu haben.)

die omama erzählt eine geschichte, deren aussage pädagogisch sein soll.
es sei einmal ein bub gewesen, dem habe seine mutter »alles durchgehen« lassen, habe ihn verwöhnt, habe ihm alles erlaubt, habe immer »zu ihm gehalten«, egal, was er gemacht, was er angestellt habe, sie habe zu ihm, habe die mutter zu ihrem sohn gehalten. nie sei er bestraft worden, immer habe er alles gehabt, und weil er nie bestraft worden sei und immer alles gehabt habe, immer der »arme und unschuldige« gewesen sei, sei er später »auf die schiefe bahn geraten«, ein verbrecher sei aus ihm geworden, ein dieb, ein raubmörder, ein wegelagerer. doch eines tages sei er erwischt worden, gefangengenommen und zum tode verurteilt; gekreuzigt habe man ihn, am kreuz sei er gehangen, und beim kreuz sei die mutter gestanden und habe geweint und gejammert und ihren sohn ge-

streichelt; dieser aber habe zu seiner mutter gesagt: »du bist schuld eigentlich bist nur du schuld weil du hast mir immer alles erlaubt«, habe das gesagt, habe sich blitzschnell vom kreuz herabgebeugt und seiner mutter – zum dank und zur strafe – *die nase abgebissen.*
auch die tante unterwelz hat eine geschichte gewußt, die geschichte von der *frau hitt;*
»*weib, bist du rasend?*« hat da die stolze frau hitt vom pferd herunter zur bettlerin gesagt, und zur strafe, weil sie so stolz und so geizig gewesen ist, ist sie auf der stelle samt pferd *zu stein* geworden.

*

lernprozesse
Ich habe gelernt zu sprechen: ich habe gelernt, *schön* zu sprechen und nach der schrift. (so schön hätte ich gesprochen, – sprechen gekonnt, »ja wie machen sie das«, haben die anderen frauen, die anderen mütter meine mutter gefragt.)
ich habe gelernt, zu folgen, »ein kind hat zum folgen«. ich habe gefolgt, aber es ist mir im grunde *verhaßt* gewesen, zu folgen.
ich habe gelernt, *mein und dein* zu unterscheiden: nichtsdestotrotz habe ich hin und wieder gestohlen.
ich habe gelernt, die zehn gebote zu halten, die sieben todsünden zu meiden, die heilige dreieinigkeit zu verehren, die drei goldenen *t* des sports (technik, taktik, training) zu beachten.
ich habe gelernt, zu grüßen.
(»laut und deutlich«:
'sgott frau longin, *'sgott* onkel mack, *'sgott* tante wettl, *'sgott* herr poglitsch, *'sgott* frau petamaia, *'sgott* fräuln dora, *'sgott* onkel rudi, *'sgott!*)

ich habe gelernt, die hand zu geben und *einen diener zu machen,* »gib die hand und mach schön einen diener«, hat die mutti gesagt, und ich hab die hand gegeben und tief den kopf gebeugt.
ich habe gelernt, einkaufen zu gehen, *schnell* einkaufen zu gehen. (ich bin *schnell* zum kriebitsch gegangen. ich bin *schnell* zum pfeifer gegangen. ich bin *schnell* zum kröpfl gegangen. ich bin *schnell* zum putz gegangen.
ich hab noch einmal zum kriebitsch gehn müssen, weil ich den zettel vergessen habe.)
ich habe gelernt, mich nicht »*ausfratscheln* zu lassen«, »ich darf mich nicht ausfratscheln lassen«, habe ich zur frau jarisch, zur friseurin, auf ihre neugierig-kindertümlichen fragen hin gesagt, »die mutti hat gesagt ich darf mich nicht ausfratscheln lassen!« (überhaupt sind die jarisch »jo so mißginstige leite« gewesen, durch und durch mißginstige leite sind die jarisch gewesen.)

(ich habe gelernt / die menschen einzuteilen / in rote und schwarze / gute kundschaftn und schlechte / brave kirchengeher und laxe / regelmäßige kommuniongänger und seltene / feine leute und gesindel. / beim geld aber / ist mir beigebracht worden / sei es egal / von wem es komme; / es sei von allen, / roten und schwarzen / guten kundschaftn und schlechten / braven kirchengehern und laxen / regelmäßigen kommuniongehern und seltenen / feinen leuten und vom gesindel / gleichermaßen willkommen.)
ich habe gelernt, auch in der sprache gut und böse, *sauber* und *schmutzig* zu unterscheiden und mich nur einer guten und sauberen und nicht einer bösen und schmutzigen sprache zu bedienen.

sprachregelung (auswahl)

proleten- und gassenbubenart	unsere art
muata, vota	mutti, papa
oasch	potschi (später auch: gesäß)
schwanz, pimpale	puzzile (später auch: glied)
schiffn, pruntzen, sachn	lulu machen, kleine not
scheißn	aa machen, große not
furzn, an schas losn	pretschn, einen fahren lassen
wixn, an oba zupfn	schweinigeln
vögeln, tupfn	schweinigeln
fut	schweinigeln
fut	die frau in den schmutz ziehn
	flittchen, flitschale, schlechts mensch, nix wert

(sinnspruch. fut und beutel sind geschwister, und der arsch ist kriegsminister.)

*

fotografie und ölbild
wie eine auf dem villacher zentralfriedhof aufgenommene fotografie belegt, habe ich 1950 zum ersten mal lange haare getragen, schulterlange blonde locken. auch mein vater hat, ein ölbild, ein echter *federspiel*, erinnert daran, als kleiner bub schulterlanges blondes haar gehabt, zum modellsitzen haben ihn seine eltern offenbar sein »sonntagsgewandl« anziehn lassen: einen kärntneranzug mit krawatte und geblümter weste.

aufforderungen, androhungen von maßnahmen, den *körper* betreffend. wenn ich in lässiger haltung, mit leicht gekrümmtem rücken, »bucklig« jedenfalls, so, wie ich heute noch dasitze oder dastehe, dagesessen oder dagestanden bin: – »sitz grad! moch nit so an buckl! *bauch hinein, brust heraus!* zurück die schultern! wirst noch ganz bucklig sonst . . .« mache ich weiterhin so einen buckel, sitze ich nicht endlich gerade, so wie sichs gehöre, werde man mir einen *geradehälter* kaufen müssen, einen geradehälter zum gerade-sitzen-lernen werde man mir umschnallen, ein geradehälter sei ein haltungsbehelf mit eisernen spitzen, die im falle einer auch nur leichten krümmung des rückens ins fleisch dringen würden. – wenn ich nicht ordentlich gegangen bin: »heb die füß bein gehn! *tscherfl* nit so!«
– atmen solle man durch die nase und nicht durch den mund, der mund müsse, außer beim redn und essen, versteht sich, immer *zu* sein; ein halboffener mund sei ein merkmal der idioten, der »töckalan«, »bist jo ka töckale, wol?«
wenn ich erwachsene nicht laut, nicht deutlich genug gegrüßt habe – »mach nicht so einen *murfler,* das

versteht kein mensch! die leute glauben dann, du willst sie nicht grüßen!«
maßnahmen gegen meine *senkfüße:* mehrmalige gänge mit der mutti zum dr. widmann, einem orthopäden, für mich eine art schuster im weißen doktorkittel, schließlich maßgefertigte schuheinlagen aus leichtmetall.

*

bei der pacheinerin, auf der egger-alm, in lienz

undeutlich, ausgehend von einigen wenigen im bewußtsein verbliebenen details, erinnere ich mich, mit meiner mutter *(nur* mit meiner *mutter)* während der »besatzungszeit« (kärnten ist von den engländern besetzt gewesen) bei der »pacheinerin«, in der pacheiner-hütte auf der gerlitzen, einen *urlaub* (mindestens eine woche) verbracht zu haben: soldaten, holzwände (ein zimmer *allein* mit meiner mutter), nachts aus der gaststube der lärm eines überlauten grammophons.
bruchstückhaft auch, voller lücken, die erinnerung an zwei ähnliche, ähnlich frühe anlässe: an eine *sommerfrische auf der eggeralm,* an einen *verwandtenbesuch in lienz. –*
ein verwandten-, genauer: ein tantenbesuch in lienz. lienz im hochsommer, während der »hundstag«. die mutti und ich, einquartiert in einer kammer im haus der frau maria ranner, der ehemaligen verwalterin von schloß lengberg, einer meiner großtanten. viele großtanten, viel zuneigung. ein aufenthalt bei der tant marie, die mir aufgrund ihrer *krankheit* von vornherein nur als das »wehweh-tantile« vorgestellt worden ist; *vorgestellt* ist schlecht ausgedrückt, da das wehweh-tantile aufgrund ihrer krankheit kaum mehr gehen und kaum mehr stehen hat können, sondern die meiste zeit, an schönen tagen auf einem kleinen holzbalkon, in einem *stuhl* (wenn nicht überhaupt in einem rollstuhl) *gesessen* ist. eine nicht näher bezeichnete krankheit – »die füaß holt, die füaß . . .«. betreut worden, in der zimmer-küche-kabinett-wohnung hin- und hergeführt, dahin und dorthin gesetzt worden ist das wehweh-tantile von ihrer schwester, der

tante holzmann, einer weiteren, mir ebenfalls sehr zugetanen großtante, eine zwei-tantenwirtschaft in einer osttiroler zimmer-küche-kabinett-wohnung. kleine weihwasserkessel aus porzellan an der wand: neben jeder tür, unter dem lichtschalter. eine krankheit (welche krankheit?), ein zustand, der sich, seit jenem ersten besuch, jahrelang immer nur langsam und leicht, aber doch stetig verschlechtert hat; ach jo, es werde nicht besser, statt besser werde es nur schlechter, allen medizinen zum trotz werde es nimmer besser . . . (ein edler mensch, eine treue seel'. »a guate haut . . .«. ein »schweres, lange jahre in geduld ertragenes leiden«. unsere innigstgeliebte schwester, tante, großtante, frau —«
kerzen, hergottswinkel, marienstatue, heiligenbildln. eine wohnung voller devotonalien, ein land voller devotonalienhandlungen.)
lienz im hochsommer. ausflüge mit tante und mutti (dorthin, wohin sie selbst als kind zu ausflügen mitgenommen worden war): spaziergänge nach schloß bruck, eine fußwanderung zum schloß lengberg. der an einem heißen vormittag besichtigte damalige zustand der *verwahrlosung* von schloß lengberg hat mich auf das nachhaltigste beeindruckt. ein ansatzweise verfallenes, verfallendes, da weniger, dort erheblicher beschädigtes, seit kriegsende verschlossenes, nicht mehr bewohntes, innen angeblich demoliertes, verwahrlostes und noch einmal verwahrlostes schloß lengberg. eine ehemalige zugbrücke. ein unwegsamer, zugewachsener, in seinen strukturen noch erkennbarer ziergarten. wild weitergewachsene rosensträucher. mitten im wirrwarr dieser verwilderten gartenkultur eine wasserleitung, ein wasserhahn, aus dem noch wasser geronnen ist. ein heißer vormittag. brennesseln, scher-

ben, mörtelbrocken. das zugesperrte schloßtor. aus diesen luken da oben habe man früher, vor jahrhunderten, heißes pech auf die feinde heruntergeschüttet. abseits, in einem schuppen, ein altes auto, halb kraftfahrzeug, halb offene kutsche. – der rückweg, die schattige zufahrtsstraße wieder hinunter, an der meierei, am »marhof« vorbei, zur autobushaltestelle.
(mein gott, das schloß, wie es früher gewesen sei . . . nur *allerfeinste herrschaften,* allerfeinste herrschaften aus aller herren länder haben, zur erholung in osttirol, im schloß gewohnt. sie, meine mutter hingegen (nie aber die rede von einem *widerspruch)* habe zur *dienerschaft* gehört, als tüchtiger junger mensch der dienerschaft angehören dürfen . . . mindestens zehn bedienstete . . . die dienerzimmer seien am dachboden gewesen, beim überqueren des dachbodens hätten sich manchmal fledermäuse in den haaren verfangen . . . der schloßbesitzer sei ein herr mai aus amerika gewesen, der herr mai, hat er geheißen mai, der habe dann, als die nazis –)
eine autobusfahrt zurück von schloß lengberg, nachmittagsspaziergänge zum schloß bruck. der brucker schloßteich: alte lienzer und lienzerinnen auf bankln im schatten, rund um den teich spielende kinder, beaufsichtigt von strickenden, ebenfalls auf den bänken sitzenden müttern. mir fällt ein: die besondere *agressivität* der osttiroler kinderspiele; schmerzhafte, durch plötzliches *fieber* hervorgerufene intensivierung der wahrnehmung – auf einmal fieber und schüttelfrost, die ganze zeit schon ist mir, zwischen mutter und tante auf einem bankl sitzend, nicht gut gewesen, schüttelfrost an einem hochsommernachmittag, mit der zeit ist mein zustand des stillschweigenden vor mich hin-, zu den kindern hinüberstarrens bemerkt

worden, was denn sei, »du hast ja —«, ich habe ja fieber ich müsse sofort ins bett; abgebrochen der nachmittagsausflug, zurück in die wehweh-tantile-wohnung, aufregung und besorgnis. »essigsocken« als erste fiebersenkende maßnahme. »essigsocken« ziehen das fieber aus dem körper. letztes detail: die unlust, »alles zieht sich zusammen«, beim überstreifen der kalten, *nassen,* in essigwasser getränkten socken. –
eine sommerfrische auf der egger-alm. bewußtseinsrestln: erfahrung einer über die maßen befremdenden ruhe, verstärkt noch durch das nicht sehr laute, aber immer und überall vorhandene bimmeln der kuhglokken. eine nahezu menschenleere alm. kuhfladen und huflattich. einige nur im sommer bewirtschaftete hütten. untergebracht bei einer frau schnabl, bei einer gewissen frau schnabl. riesige honigbrote und milch zum frühstück. petroleumbeleuchtung abends. vor der hütte ein schweinekoben. frau schnabl und das schwein: jeden morgen, wenn die mutti und ich gefrühstückt haben, hat ein dickes großes schwein versucht, in die küche zu gelangen, schnüffelnd hat es zunächst seinen kopf durch die tür gesteckt, während die frau schnabl, jeden morgen derselbe vorgang, den besen ergriffen und damit und mit den worten »allomasch! gemma, allomasch!« das schwein wieder hinausgejagt hat, »allomasch . . . gemma . . .«
viele wanderungen. es gebe kühe, ochsen und stiere. *stiere* seien *gefährlich.* man solle, wegen der stiere, immer einen stock, einen »stecken« bei sich haben. hauptsächlich stiere seien gefährlich. eine stier-phobie. in jeder *kuh* habe ich insgeheim einen *stier* vermutet, im vorübergehen jede kuh zunächst für einen stier gehalten. –
das desolate schloß lengberg, frau schnabl und das

schwein. ob ich aber mit meiner mutter in *einem* bett geschlafen habe oder wir, jeder für sich, in einem *doppelbett* geschlafen haben, entzieht sich meiner erinnerung.

*

portiersposten sind häufig mit *invaliden* besetzt; vor allem in den portierlogen oder pförtnerhäuschen *dem land* unterstellter öffentlicher einrichtungen, an der einfahrt eines *landeskrankenhauses* etwa, sitzen oft einarmige oder einbeinige, kriegsversehrte, schwerkriegsbeschädigte. mit krüppeln sei »nicht zum spaßen«. – ein besuch im villacher landeskrankenhaus: während die mutti einen kranken besuchen gegangen ist (nicht ohne mir vorher aufgetragen zu haben, brav zu sein, »sei schön brav«), hab ich – vierjährig vielleicht – in einem kleinen wartesaal vor der portiersloge des villacher landeskrankenhauses auf die mutti warten müssen. aus irgendeinem grund, irgendeiner unartigkeit wegen bin ich mit dem portier, einem einarmigen kriegsversehrten, in *streit* geraten. eine harte konfrontation. als werde nicht bald jemand zurückkommen, gegebenenfalls mit mir »abzurechnen« –: ein rauschhafter omnipotenzzustand. er sei ein »tocka«, hab ich zum portier gesagt, ich werde ihm gleich »eine schmiern«. eine vom portier mit immer größeren zorn geführte auseinandersetzung. gleich werde er den »dokta« holen, gleich, wart nur, der dokta, der werde mich dann mitnehmen, »da dokta«; ich: »da dokta« sei auch ein »tocka«, auch ihm würde ich eine schmieren, überhaupt seien alle, alle seien »tockan«, allen würde ich eine schmieren . . . (. . .) »is er wol brav gwesn?«, hat die mutter, der bejahenden antwort sicher, den invaliden nach ihrer wieder-

kehr gefragt. er: »brav? – sie müaßn jo eine feine
erziehung hobn ... eine feine erziehung ... – wenn
dos kind sich imma so benimt – no mohlzeit ...«.
»aufgeführt« habe ich mich, aufgeführt ... so etwas
habe er überhaupt noch nie erlebt ... (sie: betre-
tenes erstaunen, ich: unbehagen, er: genugtuung). die
mutti: »dos wer ich dir noch austreibn ...!« – ein
rascher als sonst zurückgelegter heimweg. das werde
sie mir noch austreiben. heimgekommen: hinein ins
schlafzimmer, hinunter die hose und die *rute,* ganz
fest ...
(»einen so bloßstelln ... eine solche *blamage* eine
solche ...«)

*

bestürzung beim beschreiben eines fotos (siehe ›fotografie: beschreibung‹): »sie trägt ein kostüm und darunter eine weste und darunter eine bluse und *darunter«* –
und
darunter –, vom
darunter, muß ich plötzlich erkennen, habe ich
keine vorstellung: *die vorstellung* – eine möglichkeit –
kapituliert vor der kleidung, entgegen ihrer sonstigen
tätigkeit, entgegen meiner sonstigen diesbezüglichen
optik kapituliert die vorstellung vor der kleidung ...
oder – eine andere möglichkeit – es besteht kein
bedürfnis, mir vorzustellen, was ich
entweder
tatsächlich nie gesehen habe
oder
was gesehen zu haben ich *vergessen* habe: *meine
nackte mutter!*

(versagungen, wann, in welcher phase, wie entschieden, mit welchen begründungen?)
warmbad, Sanatorium: behebung einer vorhautverengung durch beschneidung.
ich hätte ihnen »so derbarmt«. ich hätte »so geschrien«. (trotz örtlicher betäubung? vor der örtlichen betäubung?) ich kann mich an nichts mehr erinnern.
»vorne« wäre »alles entzunden und offen« gewesen.
ich hätte nicht mehr »richtig lulu-machen können«.
nichts,
keine Erinnerung.
»zwei oder drei jahre oder so« soll ich gewesen sein, wie alt tatsächlich?
der dr. lukeschitz ist ein großer, grobschlächtiger, schwer atmender, um nicht zu sagen: in einem fort schnaufender, offensichtlich asthmatischer arzt gewesen (»soo ein bauch«). ich bin auch später, als siebenjähriger, noch einmal zu ihm in seine ordination in die postgasse gebracht worden; statt gelbsucht hat der dr. lukeschitz leistenbruch diagnostiziert.
damals, im volksschulalter, anläßlich der rituellen pruntzereien der »seebacher stiazler«, die seebacher haben oft nach der schule und vor dem schulhaus einen baum umstellt und ihn gemeinsam angepruntzt, habe ich auch, vor-bewußt, feststellen können (was ich als anständiges kind nicht hätte feststellen dürfen), daß es *solche* und *solche* schwänze, daß es, genauer, »pimpalen« (die seebacher stiazler- und eisenbahnerkinder- und überhaupt arbeiter- und angestelltenkinderschwänze) und »puzzilen« (mein beschnittener kaufmannssohnschwanz) gibt.

exkurs: pubertät. . . . eines sonntags, als ich in der kirche hörte vom fest der *beschneidung des herrn,* und der *herr* hat doch nie –, und ich hatte zu jener zeit auch noch nicht, hatte nur onaniert und ministriert, einmal wöchentlich ministriert und einmal täglich onaniert, als ich jedenfalls hörte vom fest der beschneidung jesu, stellte ich plötzlich zusammenhänge her zwischen der beschneidung des herrn und meinem schwanz, zwischen meinem schwanz und dem »liebsten« wunsch meiner eltern, ich möchte doch priester werden (und ein priester darf doch nicht und der herr hat doch nie –), und es keimte in mir der ebenso unbestimmte wie fürchterliche verdacht, meine eltern könnten mich nicht nur didaktisch sondern auch *chirurgisch* auf eine priesterlaufbahn vorbereitet haben.

phallisch (unschamhaft, unanständig, schweinisch): das ›puzzile‹, ist mir beigebracht worden, dürfe man nicht *angreifen* (außer beim lulu-machen), nicht *anschaun* (außer beim lulu-machen, weil da muß man ja hinschaun sonst macht man ja drüber) und nicht *herzeigen* (außer den eltern oder dem arzt, denn die eltern und der arzt dürfen »alles sehn«). sollte ein anderer – »es gibt oft so schweinigln« – sein puzzile herzeigen, so solle ich nicht hinschaun, sondern sofort »zu den eltern kommen und ihnen das melden«; zudem möge ich immer bedenken: »der liebe gott sieht alles, also –«

ich erinnere mich genau: eines tages, im dritten oder vierten lebensjahr (?), bin ich, des figürlichen zeichnens, der bildnerischen wiedergabe meiner kernstockstraßenumwelt bereits mächtig, beim küchentisch gesessen und habe mit bleistift auf einem notizblock gezeichnet, an einem wochentag in der früh, der papa ist schon ins geschäft 'gangen, die mutti hat hinter

meinem rücken milch gekocht, geputzt und die wohnung aufgeräumt, aus dem radio rechts über mir ist erst der vermißtensuchdienst und dann das wunschkonzert zu hören gewesen, männer habe ich gezeichnet, »mandln«, nackt, mit *hut* (mein vater hat manchmal einen hut aufgehabt) und *schwanz,* hut und schwanz, mit *meinem* schwanz, ein nackates mandl und ein weiteres und –
(als, plötzlich, jedoch)
»jo wos- jo wos-«
(wham bham)
»jo wos mochst du denn do –«
(ritsch ratsch)
»so etwos wirstu nicht zeichnen –«
– und auf einmal ist die mutti hergekommen und ist sehr bös geworden und hat die blätter aus dem block gerissen und zerknüllt und weggeworfen und hat gesagt sowas tut man nicht zeichnen das puzzile das ist grauslich und unanständig und da tut der himmelvater schimpfen und ich darf das nie wieder zeichnen nie wieder »gel das tust du mir versprechn . . . dos host du jo nicht wissn können gel . . . oba jetzt weißtus . . . gel . . .«
(aussetzen der erinnerung: habe ich für dieses unwissenderweise begangene delikt die rute bekommen oder nicht?)
(in jener zeit habe ich auch eine puppe besessen, eine gummipuppe, ein nachkriegsprodukt mit abblätternder farbe: diese puppe habe ich in die hose machen lassen, die hose hinuntertun und unanständig sein lassen, und zur strafe für soviel schlimm-sein (für soviel von mir detailliert durchphantasiertes schlimm-sein) habe ich die puppe dann mit einem *stab* ganz fest *durchgewixt.)*

tagesablauf

in der früh: die mutti steht auf und geht in die küche. der papa steht auf und macht beim offenen fenster frischsport. dann geht er aufs klo, dann tut er sich waschen und anziehn. ich habe mein morgengebet *verrichtet* und stehe auch auf. ich wasche mich und ziehe mich an. das frühstück ist fertig. wir essen. der papa geht ins geschäft.
am vormittag: ich spiele am balkon oder in der küche. manchmal darf ich auch in den hof. die mutti räumt auf, geht einkaufen und kocht. manchmal kommt der briefträger oder der lichtkassier oder eine zigeunerin. zigeunerinnen sind böse, weil sie gerne kleine kinder stehlen und sie betteln schicken.
zu mittag: der papa kommt heim vom geschäft und stellt die tasche in die ecke. er geht aufs klo. dann wäscht er sich die hände und liest die zeitung. dann essen wir. im radio spielt das mittagskonzert. wenn ich gefragt habe mutti bitte darf ich vom tisch gehn darf ich vom tisch gehn. der papa legt sich ein bißchen hin. dann nimmt er die tasche und geht wieder ins geschäft.
am nachmittag: ich spiele am balkon oder in der küche. manchmal darf ich auch in den hof gehn. die mutti tut abwaschen oder nähen oder sonst irgendwas machen. der longin-loisl hat eine zither zum spielen.
am abend: die mutti macht das nachtessen. ich muß mich ausziehn und waschen und den pyjama oder das nachthemd anziehn und beten. dann esse ich das nachtessen. meistens darf ich dann noch aufbleiben, bis der papa kommt. dann gehe ich schlafen.
einmal hab ich geträumt, daß ich mit der oma am

antoniensteig gegangen bin und daß auf einmal ein ganz zorniger großer *stier* auf mich hat losgehen wollen.

wochenablauf
montag: nichts besonderes. dienstag: wie montag. mittwoch nachmittag »hat das geschäft zu«. donnerstag: wie montag. freitag: waschtag. zu mittag kein fleisch: fisch oder »topfnnudln«. am abend: baden in einer in die küche gestellten sitzbadewanne. samstag: wie dienstag, nur am abend aufschnitt. sonntag ist der tag des herrn, der ausflüge, der fußballspiele oder der arbeit in haus und garten.

pflichten, tägliche, im haushalt: morgens, vorm schulgehn, aber nur im frühjahr und im frühsommer (was oft sehr schön gewesen ist), die genotteallee hinauf ins milchgeschäft keller, »zur frau keller« gehn und frische semmeln, milch und butter einkaufen. – nach dem mittagessen abwaschen. einkaufen gehn, überhaupt. – abends, vorm nachtessen, die schuhe putzen, »schön mit der *kot*bürste abbürsten (auf dem balkon oder im vorhaus), ein ›pastan‹ und dann mit dem glanzfetzen schön glänzen« (a.k.)

(geräusche beim einschlafen. (. . .) das rumpeln der schwellen der linderbrucke, einer holzkonstruktion, wenn ein auto sie überquert hat . . . nächtliche verschubfahrten auf dem hauptbahnhofsgelände, pfiffe und rufe . . . klingeln, die klingelzeichen, bevor und während die bahnschranken der beiden bahnübergänge hinuntergekurbelt worden sind, sekündlich, kling, kling, kling . . . ein herannahender güterzug, das bedrohlich näherkommende stampfen der dampf-

lokomotive, dann, höhepunkt, nur einige zehn meter von meinem bett, von meinem guten einschlafwillen entfernt, das vorüberrattern der waggons des meist langen zuges, das erzittern der holzfußböden und schließlich die erleichterung, die *entspannung,* die sich einstellt, wenn der lärm sich mehr und mehr verliert . . . »ich bin ein vagabund«, der schlager der saison, gesungen von fred bertelmann, aus der wohnung unter uns, allabendlich, einige wochen hindurch, »ich bin ein vagabund . . .«)

ängste. der gedanke an die möglichkeit eines *brandes,* eines wie ich mir vorgestellt habe, über mir, auf dem dachboden ausbrechenden, plötzlich ausgebrochenen *schadenfeuers* hat mich oft bis in den schlaf hinein verfolgt. trotz der wiederholten versicherung, auf dem dach, hinter dem giebel, befinde sich ein blitzableiter, trotz an einem balken des dachstuhles befestigter, am *palmsonntag* geweihter palmzweige habe ich beim einschlafen immer wieder daran denken müssen: hoffentlich bricht kein feuer aus, habe ich mir gedacht, wenn nur kein feuer ausbricht; schadhafte leitungen, überhitzte öfen, blitzschlag, ein großbrand da, ein großbrand dort, kein lesebuch ohne brennendes gehöft, so etwas kann beunruhigend schnell und überall geschehen, so etwas könnte genausogut bei uns entstehen, wenn nur kein brand ausbricht . . .
zigeuner: wie traurig – eine weitere einschlafphantasie – wie traurig muß es wohl sein, von zigeunern mitgenommen zu werden, mit den zigeunern im planwagen herumzuziehen und mutti und papa nie mehr wiederzusehen.

hundephobie. hunde sind mir auch heute noch in allerhöchstem maße zuwider. je größer ein hund ist, umso verhaßter ist er mir. komme ich an einem größeren hund vorbei, zieht mein *schwanz* sich unwillkürlich zusammen. hätte ich anstelle der angst die erforderliche kraft, hundsviechern wie einer dogge, einem boxer, einem wolfs- oder schäferhund würde ich am liebsten das genick brechen, umso mehr, wenn sie einen beschnüffeln, anknurren und anstalten machen, einen anzuspringen. – (als vielleicht vier- oder fünfjährigen haben mich auf dem linder sportplatz zwei wolfshunde angefallen. während mein vater und, wie sich zu spät herausgestellt hat, auch der besitzer der beiden hunde unter hunderten anderen zuschauern interessiert einem meisterschaftsspiel der landesliga beigewohnt haben, haben mein cousin und ich hinter dem rücken der zuseher ebenfalls fußball gespielt. auf einmal, ich weiß nicht mehr, woher, sind zwei hunde auf uns zu und dem ball hinterher gestürmt, mein cousin hat den ball zu mir geschossen, die hunde sind hechelnd und bellend nachgestürzt, ich sehe sie noch kommen und den ball vor ihnen, den ball, den fernpaß, habe ich aufgenommen und, ätsch, sofort wieder abgegeben, da sind auch schon die hunde gegen mich geprallt und über mir gewesen und . . . aufregung, herbeigeeilte zuschauer, der papa, ich hab aus der nase geblutet, ein zerkratztes gesicht, eine *schöne fremde frau* hat mir ein weißes taschentuch unter die nase gehalten und später, zuhause, hab ich, immer noch verstört, gesagt: »die hunde haben mich aber schlimm zugerichtet . . .«)

*

die hände falten und andächtig sein.
abends, zwischen sieben und acht, meist nach dem ausziehn waschn zähneputzn und nachthemd anziehn, seltener – dann, um die zeit zu nützen – vor dem ausziehn waschn zähneputzn und nachthemd anziehn, habe ich mich in der küche, einer kleinen küche mit weißgestrichenen möbeln und türen und türstöcken auf einen stuhl oder auf meinen schemel setzen und laut mein *abendgebet verrichten* müssen. – *nach* dem kreuzzeichen, nach »liebes jesulein komm zu mir« und »heiliger schutzengel mein laß mich dir empfohlen sein« und einem an die heilige maria mutter gottes gerichteten, mir heute nicht mehr erinnerlichen zweizeiler und *vor* dem »vaterunser«, dem »gegrisset seistu maria« und dem abschließenden kreuzzeichen habe ich das folgende gebet beten müssen:
»lieber gott«, habe ich beten müssen, »lieber gott tu die mutti beschütz und den papa beschütz und die oma beschütz und die tante unterwelz beschütz und den onkel unterwelz beschütz und den onkel fritz und die tante fini beschütz und den fritzi beschütz und das wehwehtantile beschütz und die tante holzmann beschütz und den ernsti – einmal: den ernsti brauche ich gar nicht »dazuzunehmen«, denn der habe meiner mutter (»der hat deiner mutter –«) schon so viel angetan – und den ernsti beschütz und alle verwandten und bekannten
amen.«
(beten: beim »lieben jesulein« hab ich an mein puzzile gedacht (?), bei den »weibern« – »gebenedeit« – an die tante wettl und die tante maria.) nach dem beten und dem abendessen hab ich oft noch ein wenig »aufbleiben« dürfen, »bis der papa kommt« . . .

der ernsti, mein halbbruder

der ernsti, dessen mir ja nur fragmentarisch bekannte entwicklung ich erst heute als eine von anfang, von geburt – »ein geburtsfehler« (ein geburtstrauma?) – von geburt an auch physisch, durch einen verwachsenen, nach außen gedrehten, später, unter zuhilfenahme eines stockes beim gehen über den boden schleifenden, immer mit- und nachgeschliffenen und eben nur unter zuhilfenahme eines stockes überhaupt einsetzbaren fuß, – als eine von geburt an auch physisch determinierte und von den verantwortlichen oft mit aller gewalt vorangetriebene *fehlentwicklung* zu begreifen imstande bin (wobei sich meine *fehlentwicklung* von seiner *fehlentwicklung* unüberbrückbar dadurch unter*scheidet, daß ich immer im besitz meiner »graden glieder« gewesen bin, während er nie im besitz seiner »graden glieder« gewesen ist), der ernsti, dessen mutter, die erste frau meines –, unseres vaters (der ernsti ist aus »erster ehe« gewesen), dessen mutter während des zweiten weltkrieges beim überqueren der rennsteinerstraße von einer bombe zerrissen worden ist,
der »ernsti« (meine mutter) oder »noste« (mein vater) oder »burli« (seine oma) sei, ist mir manchmal erklärt worden, eigentlich »gar nicht mein richtiger bruder«, sei »ja eigentlich gar nichts zu mir«, sei »nur mein halbbruder«.
er sei, habe ich wiederholt gehört, »falsch«, »faul«, er mache »ins bett« (als volksschüler mache er »noch ins bett«, das müsse ihm wie die faulheit und die falschheit »ausgetrieben« werden, oder: man habe alles getan, ihm »das auszutreiben«, jedoch –), er tue »seine eltern hinter ihrem rücken ausrichten« (anschwärzen),

er
sei ja »*so ein zotl,* so ein zotl . . .«.
»verzartelt« sei er, bei seiner oma in klagenfurt, wo er abwechselnd mit villach kernstockstraße 9 gewohnt hat, bei seiner oma sei er immer »das zartele gewesen«, also »gonz folsch erzogn worn«; außerdem sei er ja von sich aus, »von haus aus so folsch«, so falsch.
der ernsti hat oft wix gekriegt, weil er ins bett gemacht hat.
»eine solche aufregung«: einmal ist der ernsti »bei nacht und nebel« aus der kernstockstraße 9 in die kasmannhuberstraße zur frau reinhard gegangen und hat dort seine eltern hinter ihrem buckel ausgerichtet.
häufig hat der ernsti mir aus seinem volksschullesebuch »bei uns daheim« vorgelesen: vom stockingerferdl und von der reiterfanni, wie der stockingerferdl ein raubritter und die reiterfanni eine raubrittern haben sein wollen, vom mann im mond, von den sieben raben und, das meistgelesene stück, die geschichte von jenem schneider, der seine söhne nicht mit einer rute, sondern mit einer »elle« durchgewixt hat, und von jener ziege, die – auch sie – »so falsch« gewesen ist: erst »ich bin so satt ich mag kein blatt« und dann, hinterm rücken, »ich sprang nur über gräbelein und fand kein einzig blättelein mäh mäh . . .«
mäh mäh!

wie ist es mit dem ernsti weitergegangen? (»wie solls mit so an zotl schon weitergehn?«) im nächsten –, dem jahr nach dem »bei uns daheim« – lesebuchjahr: nix mehr mäh mäh, kein »burli« mehr da. (?)
erinnerungsspuren:
der ernsti als
zögling in einem heim für körperbehinderte (?) oder

schwererziehbare (?) in »trefn« (treffen bei villach: klosterschwestern . . .), als
patient in einer klinik in graz (». . .hat der primar gesagt«), als
zögling in einem anderen heim (welches heim? gesprächsweise, gehört: der platzer, der »blöde platzer«, vom »inspekta platza da bua« sei auch –, sei mit dem ernsti, dem immer nachgesagt worden ist, er sei »jo wol inteligent«, er sei nur »faul«, er »stinke vor faulheit«, in jenem heim gewesen), als
zögling in einem kolping-heim (»der präses . . . hat der präses gesagt . . .«), als
lehrling oder als
hilfsarbeiter »beim berg«, in der schuhfabrik berg in der villacherstraße in klagenfurt (hoffnungen: ». . ., hat der alte berg gesagt . . .«, »– . . . hat der junge berg gesagt . . .«, als
kostgänger bei einer frau pogatschnig in einem haus am klagenfurter stadtrand (eindrücke eines besuches dortselbst: dunkelheit, herbst . . . ein mittwoch . . . unser opel-olympia, abgestellt auf einem weg vor dem haus, vor dem haus sind gänse herumgewatschelt . . . schlecht beleuchtete räume . . . der alte in seinem staubmantel, wie er sich im dunkel durch die geöffnete autotür ins auto beugt, um eine für den ernsti bestimmte *schachtel* zu holen . . .), als
abonnement-mittagesser beim kollmann in der villacherstraße und als bewohner eines zimmers bei verwandten auf dem klagenfurter kreuzbergl; dann,
später,
viel später,
als
hilfsarbeiter in der schuhfabrik neuner in ebental bei klagenfurt; (die arbeit hat um sieben uhr begonnen,

man muß sich vorstellen: jeden tag, nur samstag nicht und sonntag, ist der ernsti »in aller herrgottsfrüh« mit seinem stock und seiner tasche vom schießstattweg das kreuzbergl herunter zum beethovenplatz gegangen, ist dort in den obus eingestiegen und mit dem obus nach ebental gefahren; um punkt sieben hat er in der schuhfabrik neuner seine arbeit aufgenommen: kleben, sohlen kleben, tagein tagaus kleben, kleben, kleben (»das pickzeugs«, hat der ernsti gesagt, »stinkt so furchtbar ...«); einblicke in die fabrikshallen-hierarchie: es gibt meister und untermeister ... »bin ich aber zum meister gegangen ...« und: »bin ich aber zum unter-meister gegangen«, er lasse, hat der ernsti hin und wieder betont, nicht mit sich »kaschpaletheata spüln«, »nix kaschpaletheata spüln ...«); nach arbeitsschluß ist er wieder in den obus eingestiegen, hat die fahrt von ebental zum kreuzbergl aber schon in der bahnhofstraße unterbrochen und ist in die konditorei risto gegangen, fast jeden tag, zum »peta«, *stammgast* beim peta, hat dort seinen kaffee getrunken und sich oft mit mir, seinem bruder, er hat nie gesagt: halbbruder, getroffen; ich habe damals in klagenfurt »lehra schtudiert«, das heißt, ich hätte »lehra schtudiern« sollen, aber nach drei jahren »lehra schtudiern«, im vierten jahr des ›lehrerstudiums‹, habe ich keine lust mehr gehabt, etwas über psichelegie zu erfahren und mich darauf vorzubereiten, ein matarant zu sein, viel lieber habe ich mich mit dem noste in der konditorei risto getroffen und mir beispielsweise erzählen lassen, daß er vom neuner in die vis-a-vis, auf der anderen seite der ebentalerstraße neu errichtete fabrik von phillips übergewechselt sei und daß er jetzt keine pick-, sondern kontrollarbeiten durchführe, demnach:

arbeiter bei phillips; später – ich hatte mittlerweile endgültig aufgehört, ein matarant zu werden –, sehr viel später habe ich von der mutti erfahren, daß da bua »einen schönen posten bei der landesregierung bekommen«, diesen aber, wiederum später, verloren habe, weil er – »ja was glaubst du!« – sich »was zuschulden kommen lassen« habe und jetzt ja »überhaupt ganz verkommen« sei: er »gehe« mit einer verheirateten frau und sei in *klagenfurter zuhälterkreisen* gelandet, warum nur, es fehle ihm doch überhaupt nichts, er sei doch intelligent und »völlig normal bis auf daß er eben so faul« sei, er sei eben immer schon ein zotl gewesen, »*so ein zotl – so ein zotl . . .*«

fotografie: beschreibung.
(»– bot sich ein bild des grauens:«) ernstis stock liegt im gras. ernsti selbst, im bild ganz links, sitzt in einem stahlrohrliegestuhl und ißt einen apfel: das gesicht der kamera zugewandt, muß er im moment der betätigung des auslösers (unser vater hat fotografiert) im *kauen* innegehalten haben, was seine rechte wange ausgebeult und sein gesicht etwas in die länge gezogen erscheinen läßt. unter dem oberen rand seiner brillen, seiner »augengläser«, spiegelt sich das licht; licht spiegelt sich auch auf der innenseite des schuhs, in dem sein auch im sitzen nach außen gedrehter linker, »schlechter« fuß steckt. ernstis anzug ist auch für damalige verhältnisse altmodisch zu nennen; auf ernstis oberschenkeln, unter der den apfel haltenden linken hand, liegen zwei ausgaben der *volkszeitung*.
neben dem ernsti, in der bildmitte, auf einer auf den boden gebreiteten decke, sitzen links ich (»da große«) und rechts zlaupe (»da klane . . . da hansi, da hansi«); genau hinter uns sitzt, worauf, ist nicht aus-

zumachen, die mutti. mir – als einziger blicke ich nicht in die kamera – ist ein steirerhut aufgesetzt und ein *knickerbockeranzug* angezogen worden; außerdem stutzen mit streifen und karos, halbschuhe. zlaupe, von meinen angewinkelten beinen zur hälfte verdeckt, hält ein spielzeugauto in der hand. der kleine hansi: nach hinten gerutschte mütze, haarspange, mantel: eine art dufflecoat, »taflkot«, die mutti hinter uns hält mit der linken eine proviantdose, während sie mit der rechten nach irgendetwas auf dem boden greift. (nach dem deckel der proviantdose? nach einem papier? nach –?) im zuge dieser bewegung blickt sie mit leicht angehobener stirn in die kamera. sie trägt ein kostüm und darunter eine weste und darunter eine bluse und darunter – (siehe: *bestürzung* beim . . .). rechts von dieser dreiergruppe steht ein weiterer, leerer stahlrohrliegestuhl, der des uns »knipsenden« vaters. im hintergrund ist in einiger entfernung in einem hohlweg ein auto abgestellt; klein und ungenau ist auch eine gruppe von leuten zu sehen, außerdem: berghang, einige fichten, im rechten oberen eck des fotos ein stück himmel. auf die rückseite des fotos hat der papa in seiner korrekten, stark rechtslastigen handschrift hingeschrieben: *jausenidill,* gerlitze, oktober 1959.

kauen und schlucken, schuldgefühle: der ernsti hat gegessen wie einer, der etwas tut, »was nicht recht ist«, und dabei beobachtet wird. von gehemmter langsamkeit sind seine kaubewegungen gewesen, das schlucken hat stets den charakter eines *hinunterwürgens* gehabt.
die *volkszeitung* ist neben der nur zeitweise abonnierten *kleinen zeitung* und den wöchentlich vom fräuln

dora gebrachten *kirchenblatt* die wichtigste periodische druckschrift in unserem haushalt gewesen. die *klagenfurter volkszeitung,* ein zentralorgan der sangesfreude, ein forum der lokalen beschränktheit, ist nicht mit der *pekinger volkszeitung* zu verwechseln.
eine »*knickerbocker*« anhaben zu müssen ist mir immer verhaßt gewesen, so verhaßt ist mir die *braune knickerbocker* gewesen, daß ich sie am liebsten in fetzen gerissen hätte... man stelle sich vor: haben die andern ihre hosen *schmutzig* machen dürfen, habe ich stets auf das *sauberhalten* meiner *braunen knickerbocker be*dacht sein müssen... immer ist mir verhaßt gewesen, eine *knickerbocker* anhaben zu müssen.

der ernsti ist damals etwa zweimal jährlich – einmal im frühjahr oder, wie an jenem sonntag im oktober 1959, im herbst, das andere mal am zweiten weihnachtsfeiertag, am »stefanitag« – aus klagenfurt zu besuch gekommen. meist am frühen sonntagvormittag ist er vom papa »mitm wagen« am bahnhof abgeholt worden. die begrüßung bei seinem eintreffen in der kernstockstraße:
ernsti: griasgot...
mutti: jo da ernsti...
dann hat der ernsti, gleichgültig, ob bei einem ausflug, im auto oder, bei schlechtwetter, in der küche beim tisch sitzend, zu *erzählen* begonnen, den ganzen tag über hat er von seinem dasein in der fabrik, von seiner lohnarbeit »beim berg« oder »beim neuner« erzählt: daß er auf diese oder jene erleichterung hoffe, daß er die und die besserstellung erreichen wolle; der und der habe ihn belobigt... habe ihm gesagt... ihm versprochen... ihm in aussicht gestellt... das und das habe er sich nicht gefallen

lassen . . . sei er aber »hinauf«gegangen . . . zum
meister gegangen . . . dann und dann könne er mit
einer lohnerhöhung rechnen, wenn . . . oder: wenn
nicht . . . wenn nur nicht . . . er befürchte . . . der
und der untermeister habe »einen pick auf ihn« (und
was ist schließlich ein arbeiter gegen einen untermeister?) . . . er hoffe, endlich versetzt zu werden . . .
eine andere abteilung . . . das wär schon was . . .
am frühen abend, kurz vor seiner rückfahrt, ist der
ernsti mitm papa noch ins geschäft in die rennsteinerstraße gefahren und hat sich dort einige kleidungsstücke ausgesucht, die ihm teils geschenkt, teils zum
halben preis überlassen worden sind (hosen . . . ärmellose pullover . . . gegebenenfalls einen mantel . . .
selbstbinder . . . socken . . .). dann ist der ernsti, versehen mit seinem »packerl« und ermahnungen wie:
»sei brav bua!« und angehalten, sonntags zur kirche,
und zwar in die früh- und nicht in die abendmesse zu
gehn, zum bahnhof gebracht worden und mit dem
personenzug nach klagenfurt, in sein kreuzberglzimmer, wo er als größte errungenschaft einen radio besessen hat, zurückgefahren.

*

1954: *das plötzliche vorhandensein des hansi.*
ich habe nichts bemerkt. ich kann mich nicht erinnern, an der mutti irgendeine veränderung wahrgenommen zu haben; auffällig einzig, daß ich plötzlich
ungewöhnlich häufig gefragt worden bin, ob ich mir
nicht »noch ein geschwisterle« wünsche, falls ich – ich
habe bejaht – wirklich ein brüderl oder schwesterl
haben wolle, müsse ich jeden abend *zucker ins fenster*
legen, möglicherweise komme dann über nacht der
storch, der die kleinen kinder bringt, und hole sich

die zuckerwürfel: sei am darauffolgenden morgen der zucker nicht mehr da (und der zucker ist jedesmal weggewesen), so sei es wahrscheinlich, daß der liebe hergott den storch bald »ein kleines puzzi« bringen lasse. und prompt: nach einigen in kleinvassach bei der oma verbrachten wochen hat der papa mich wieder in die kernstockstraße zurückgebracht mit der nachricht, ich habe ein brüderlein bekommen; – da ist es gelegen dann auf meinem bett im wohnzimmer, an einem abend ende juli, ich bin, während der kinderwagen hergerichtet worden ist, danebengesessen und habe mich vorbehaltlos gefreut; bald darauf ist es getauft worden auf den namen hans ewald, hans nach seinem großonkel, dem onkel unterwelz, und ewald nach dem pater guardian des franziskanerklosters st. nikolai, hans ewald, kurz: der hansi.

*

wer denn strenger sei, mutter oder vater, »die mutti oder da papa . . .?«
(kundschaften, vertreter, geschäftsfreunde meines vaters). ich hab so getan, als könne ich mich nicht so recht entscheiden (mutti und papa hat man gleich lieb haben müssen). da aber mein vater »von achte in der früh bis achte am abend« im geschäft gestanden ist, hat er wenig gelegenheit gehabt, streng zu mir zu sein; er ist dafür im geschäft mit den lehrmädchen streng gewesen, wenn auch, aus der sicht meiner mutter, der geschäftsfrau, nie streng genug: »ernst du mußt viel strenger sein mit die menscha . . .« oder »ernst du loßt ihnen vielzuviel durchgehn«, habe ich die mutti dem papa oft vorwerfen hören, wenn von »der folleritsch«, »der gaggl«, »der galsterer« die rede gewesen ist.
»ernst, sprich dein machtwort!«

kinder.
die strebsame biederkeit meiner eltern,
die tatsache, daß wir damals ein auto, die anderen noch kein auto, wir einen fernseher, die anderen noch keinen fernseher besessen haben,
die zugehörigkeit meiner eltern zum unteren zipfl der oberen klasse,
die tatsache, daß *sie hausbesitzer* und die *anderen hausbenützer* gewesen sind, daß ich ein »geschäftssohn« und die anderen kinder von kundschaften gewesen sind,
ferner
die strenge meiner mutter,
meine bravheit und deren äußere entsprechungen, zum beispiel das »spangerl«, wenn die andern »hinterfrisuren« getragen haben, die knickerbocker, wenn die andern »cowboyhosen« angehabt haben,
sowie
mein erzwungenes *vorzugschülerdasein*
haben mir in der *sozietät der kernstockstrassenkinder* eine manchmal verhöhnte, manchmal bemitleidete, für mich konfliktreiche sonderstellung eingebracht: wieviel zugeben an *nicht-dürfen* und wieviel decken und überspielen . . .? soll ich sagen: ich mag nicht, oder soll ich, was öfter der wahrheit entsprochen hat, sagen: ich darf nicht? *nicht-dürfen* ist für mich (und nicht nur für mich) einem gesichtsverlust gleichgekommen; der nicht darf – ein »ei«, ein »seich«, ein »mutterbubi«.
(die andern haben schundheftln gelesen, ich habe keine schundheftln gelesen. die andern haben geschweinigelt, ich habe nicht geschweinigelt. die andern haben (. . .), ich habe nicht (. . .). die andern sind (. . .), ich bin nicht (. . .).)

ob roller-fahren im hof, ob fußballspielen auf der wiese: die balkontür ist aufgegangen, das wohnzimmerfenster ist aufgeflogen – »werner komm sofort herauf!« oder »werner, heraufkommen!« (balkontür wieder zu, wohnzimmerfenster wieder zu) – und ich habe, auch diesbezüglich immer der erste, hinaufgehn müssen. der eine oder andere bub hat daraufhin meine mutter hin und wieder nachgeäfft – »werner komm sofort herauf«; ich hab dabei nicht mitgehalten, bin dem aber, entgegen der diesbezüglichen mütterlichen aufforderung, auch nicht entgegengetreten. es ist vorgekommen, daß ich die anderen um ihre eltern, speziell um bestimmte mütter, beneidet habe.

zettel: hin- und her in zwei mir erinnerlichen fällen, in denen der besuch einer zirkusvorstellung oder eines eishockeymatches mit meinem vater für den abend schon vereinbart gewesen ist, bin ich von meiner mutter wegen irgendeines zwischenfalles am nachmittag zum *daheimbleiben* verurteilt worden, »so!«. in einem solchen fall, die aussicht des plötzlichen unerwarteten *daheimbleibensollens* ist unerträglich und mich-fügen bei aller fügsamkeit nie meine sache gewesen, bin ich zum papa ins geschäft gegangen, zur letzten, meiner mutter übergeordneten instanz also, und habe das, was sich zugetragen hat, in einem für mich nicht ungünstigen licht dargestellt, woraufhin mein vater an meine mutter einen *zettel* geschrieben hat (in der kernstockstraßenwohnung haben wir kein telefon gehabt), einen *zettel* des inhalts, daß ich *trotzdem,* trotz alledem in den zircus oder zum eishockeyspiel mitgehn solle oder auch, daß meine mutter mich auf andere art und weise bestrafen möge. mit diesem zettel bin ich erleichtert von der rennsteinerstraße zurück in die kernstockstraße gelaufen und hab der mutti den zettl gegeben. diese aber – »wenn du pentzn tust gehst du erst recht nicht«, auch: »wenn nein ist ist nein!« – hat sich nicht beirren lassen, und am abend schließlich, nach dem heimkommen meines vaters (früher als sonst) hat die berufungsverhandlung stattgefunden; im einen fall, in den zirkus oder nicht in den zirkus, ist das urteil revidiert worden, im anderen fall, eishockey oder nicht eishockey, nicht: wach im bett liegend, hab ich vom nahen eislaufplatz das *aufschreien* und die *sprechchöre* der zuschauer mitangehört.

(zirkusse: appollo eins, appollo zwei, williams, rebernig, hagenbeck, krone, althoff. imponierender als das gesamte programm:
die *zirkusdiener* in ihren schäbigen livrees. außerdem: zirkus belli, der nur die dörfer bespielt und nur über drei zirkusdiener verfügt hat, und die diffuse erinnerung an eine jahrmarktbude in arnoldstein – vielleicht dreißig sitzplätze, glanzstück der vorführung ein *esel* namens *hans,* »der hans der kanns«, nach jedem kunststück hat der schausteller gerufen: »der hans der kanns«.)

spiele und freizeit.
spielen »beim seidl«, in einer bombenruine mit einem großen, verwilderten garten drumherum, unter einem riesigen, schattigen kastanienbaum: indianerspiele, kastanien sammeln, in einem ofen aus ziegelsteinen feuer machen, ein baumlager bauen; »die petameia tratzn« – (im chor:) »petameia bettlgeia petameia bettlgeia . . .«; auszählreime und spiele im hof: zim-

mer küche kabinett, badezimmer und klosett, zip zipzilip zipzilonika, wer fürchtet sich vorm schwarzen mann, tempelhüpfen und »zehnerl«; karl-may-bilder tauschen und schauspielerbildln sammeln (auswahl: gertrud kückelmann, wolf albach-retty, rudolf prack, o. w. fischer);

schlatzeln, schlatzkigale scheibn, »murmeln« spielen. (jeder mitspieler beteiligt sich mit einem schlatzkigale am spiel; die reihenfolge wird ausgezählt, die kigalan über dem bereich des *loches* aufgeworfen. wem es gelungen ist, ein kigale ins *loch* zu rollen, der darf jenes behalten und mit dem nächsten, vom *loch* jeweils am weitesten entfernten kigale sein glück versuchen. hat einer das *loch* verfehlt, kommt der nächste dran. ein geschickter spieler kann sich ein ansehnliches kapital an schlatzkigalan erwerben, wobei die schönen *glaskugeln* eines kaufmannssohnes für weniger bemittelte mitspieler oft einen besonderen ansporn darstellen.)

schundliteratur: oft und oft habe ich geredet, reden müssen, meiner mutter ein *loch* in den *bauch* geredet, um zu belegen, was ihr sehr wichtig gewesen ist: daß *das gute am ende* siegt, auch in der schundliteratur (geredet vor allem aber deshalb, damit ich nicht gezwungen gewesen bin, die sehr wertvollen, sauberen, wirklich guten schriften des österreichischen buchklubs der jugend zu lesen); ich bin aber mit meiner argumentation regelmäßig an den mitteln, deren sich *das gute* und *die guten* bedient haben, gescheitert – »wos steht do?–« und er zückte das messer . . ., »dos wirst du *nicht* lesen dos is nichts für kindesaugen dos wär jo noch schöner . . .«

an sehr wertvollen büchern des österreichischen buchklubs der jugend habe ich besessen, besitzen müssen (auswahl): »die hallstattbuben«, »die kinder von la salette«, »dolomitensagen« »prinz seifenblase«, »sagen aus österreich«.

*

über die ehrfurcht.
es heißt mutti und nicht muata und papa und nicht vota, nicht muata und vota, sondern mutti und papa hat es zu heißen!
ich müsse jetzt gehn. da komme »mei vota«, habe ich auf dem lindnerhügel zum bellahubi, einem schulkameraden, gesagt; mein vater hat das »vota« aber noch gehört und mich, während er mich an den haaren gezogen hat, gefragt: »wie heißt das?« und, haare, »wer bin ich« und, haare, »was glaubst du denn eigentlich du lauser du?!«
die stellvertreter gottes auf erden: erstens der papst. zweitens die priester. drittens die eltern.

berufswahl, vorgegebene (in der wertung meiner eltern): 1. priester. 2. kaufmann. 3. lehrer.
kaufmann ist silber, priester ist gold.
berufswünsche (pubertäre): erst lehrer, dann rechtsanwalt, dann komponist und dirigent.
idolbildungen, »zu sein wie . . .«: die maurer, die das haus neu verputzt haben (maurerspieln, du bist da franze und i bin da hanse), wie die hilfsarbeiter, die kanäle gegraben haben und sich vor dem (wieder-)ergreifen des pickels in die hände gespuckt haben, wie der schrankenwärter auf der anderen seite der bahnlinie hinter den gemüsegärten, zu beobachten von unserem balkon aus, zu sein, später, wie die spieler des *vsv,* diese »ungehobelten klachln«, *sein*

wollen *wie* und sein: der vorzugsschüler, der brave, schlichtweg: werner reinfried.

*

krankheiten. von gelbsucht, »mumps« (ziegenpeter) und masern abgesehen, bin ich im lauf des dritten volksschuljahres, gegen weihnachten, an der bildung rätselhafter *»kretzen«* (kleiner, eitriger, heftig juckender beulen auf dem kopf und an der hüfte, vor allem aber auf dem kopf) erkrankt. aus den beulen ist, nachdem sie sich, einem abszeß, einem »aß«, »an aß« nicht unähnlich, geöffnet hatten, »so eine weiße *sucht«* (die mutti) herausgekommen, hat die haare verklebt und die kopfpölster mit gelblich-braunen flecken verunziert. (die frau lehrerin moschitz hat mir einmal, beim »anstelln zum hinuntergehn« wegen einer ungehörigkeit in haare fassen wollen: erschrocken hat sie eine *nasse, klebrige* hand zurückgezogen.) der doktor kraxner, unser hausarzt, der zu allen patienten, auch erwachsenen, »du« gesagt und im kirchenorchester von st. nikolai violine gespielt hat, der dr. kraxner hat mir eine salbe verschrieben sowie bettruhe und eine ständige kopfbedeckung verordnet. die krankheit hat sich über längere zeit, über weihnachten bis hinein in den jänner, hingezogen. aus dem wohnzimmer, wo ich sonst immer geschlafen hatte, bin ich in das frühere zimmer vom ernsti (und nachmalige »fernseh-zimmer«) verlegt worden; in das bett unter dem bild, das jesus schwitzend auf dem ölberg zeigt. (uneingeschränkte zuneigung: in der ordination vom dr. kraxner hat die mutti sogar geweint.) – wieder in der schule, in die dritte volksschulklasse zurückgekehrt, habe ich, der papa hat darum ansuchen müssen, eine sondergenehmigung erhalten, auch während

des unterrichts eine kappe, wie sie damals von schi- und mopedfahrern häufig getragen worden ist, aufzuhaben.
im darauffolgenden sommer ist es zu einem rückfall gekommen. auf den iselsberg, in den urlaub, ins hotel haben wir einen eigenen kopfpolsterbezug mitgenommen, auf daß der hotel-kopfpolster nicht verunreinigt werde.
während der hauptschulzeit bin ich von einem jeden winter wiederkehrenden, ebenfalls heftig juckendem *ekzem* in den kniekehlen befallen worden, das jeden abend, vor dem schlafengehn, mit einer übelriechenden teersalbe hat bestrichen werden müssen. zuneigung nicht außergewöhnlich, sondergenehmigung: trainingshose während der turnstunde.
knochenbrüche: rechtes schlüsselbein beim schlittenfahrn mit linde den hohlweg vom »wiegele« herunter, mittelhandknochen des rechten mittelfingers beim nachmittagsturnen in der hauptschule.
ich bin nicht un-gern krank gewesen.

ein häuslicher justizirrtum. im nachbarhaus ist während irgendwelcher kürzerer ferien, während der oster- oder pfingstferien einmal der neffe der frau lampersberger aus deutschland zu besuch gewesen, ein gewisser dieter aus hamburg, gleichaltrig etwa, einer von »draußen«, wahrscheinlich hat die frau lampersberger »draußen« verwandte gehabt. (die »deitschn« aber seien ja oft »solche fokn«, so verdorben, überhaupt, wenn einer aus der großstadt komme . . . und prompt:) ich hab mich mit dem dieter unterhalten, und während wir so geredet haben, hat d. einen löwenzahn gepflückt, die blüte abgerissen, aus der kurzen hose sein *pimpale* hervorgeholt

und, sich immer noch mit mir unterhaltend, versucht, durch den löwenzahnstengel hindurchzuschiffen. ein kunststück. die mutti hat dieses kunststück wahrscheinlich vom fenster aus beobachtet, denn –
geständnis. au, au. – ja, ich sei mit dem dieter ins nachbarhaus gegangen; ja, er habe mich aufgefordert, mit ihm aufs klo zu gehen; ja, ich sei ihm aufs klo gefolgt; ja, er habe sein puzzile herausgetan und mich aufgefordert, dasselbe zu tun; ja, er habe geschweinigelt; dann, ja, habe er mir aufgetragen, der mutti ja nichts davon zu erzählen.
wahrheit. der dieter hat durch den stengel geprunzt, daraufhin, wir hatten uns über comics unterhalten, sind wir ins haus, ins nachbarhaus in die ebenerdig gelegene lampersbergerwohnung gegangen, wo d. mir einige *akim-* und *sigurdheftln* gezeigt hat; dann sind wir wieder in den hof gegangen.
verhör. »werner komm sofort herauf«, plötzlich, »werner komm sofort herauf!« hinauf. (die *rute* ist schon bereit gelegen.) »so jetzt wirst du mir genau sagen was du jetzt grad im haus drüben gemacht hast mit dem zotl da . . . wehe wenn du mich anlügst . . .« » . . .« »das glaub ich dir nicht.« (die rute) »wenn du lügst, kriegst du's umso mehr, also – du warst mit im klo« (rute) »und dort wollt er schweinische sachen mit dir treiben stimmts?!« (rute) »so – und wenn noch einmal sowas is dann . . . und den zotl den verdorbenen schaust du gar nicht mehr an.«
am darauffolgenden tag, am nachmittag vor einem sonn- oder feiertag, hat die mutti im geschäft ausgeholfen. ich bin zuhause geblieben mit der anweisung, niemandem aufzumachen. die meiste zeit bin ich auf dem balkon gesessen und hab gelesen. ein außergewöhnlich heißer nachmittag. im nachbargarten ist kurz

der dieter mit einer kleinen badewanne aufgetaucht, hat pritschelnd ein bad genommen und mir zwischendurch zugewunken.
geständnis (nach den vorstellungen meiner eltern). der dieter sei drüben im badewandl und ich hier am balkon gesessen, er habe mir zugewunken. – ja, auf einmal sei er herüber, vor unsere wohnungstür gekommen. ja, ich habe ihn hereingelassen, er habe seine badehose ausgezogen. wir seien ins wohnzimmer gegangen. ja, er habe sich nackt aufs bett gelegt und mit seinem puzzile gespielt. nein, ich habe trotzdem nicht hingesehn. ja, er habe gewollt, daß auch ich mit meinem puzzile spiele. – ja, schließlich sei er wieder gegangen.
wahrheit. außer mir ist niemand in der wohnung gewesen. ich selbst habe mich nur in der küche und auf dem balkon aufgehalten.
verhör. am späten nachmittag ist die mutti nachhausegekommen, ist irgendwann ins wohnzimmer gegangen und verändert, mit *schleg,* schläge verheißender miene wieder herausgekommen – das bett, die zierdecke auf dem bett sei nicht so, wie's beim weggehn gewesen sei – ob der dieter dagewesen sei, freilich sei der dieter dagewesen, ich solle zugeben, der dieter sei dagewesen. (abermals, die rute.) ich solle die wahrheit sagen, genau solle ich sagen, was wir auf dem bett gemacht hätten. ein außergewöhnlich heißer nachmittag. massive anschuldigungen. hilflose verantwortungen. wenn man mir nicht glaube, müsse ich eben lügen. ich müsse nicht lügen, ich müsse bloß die wahrheit sagen, »also – er hat sich aufs bett gelegt gibs zu . . . – und was hast du gemacht?« die rute. am abend neuerlich die rute, diesmal vom papa. schlafpause; »in der früh« werde man »weiterreden«. am nächsten tag, am mor-

gen des sonn- oder feiertages, ein weiteres verhör. mit der zeit habe ich alles zugegeben, alles habe ich zugegeben, was zuzugeben von mir verlangt worden ist.

*

heute: »die kernstockstraße« und ihre verarbeitung im traum, ein beispiel. (31. 3. / 1. 4. 73)
geträumt: – mit auguste[1] einen trip geworfen, wir schlendern auf dem antoniensteig dahin, der antoniensteig verbindet die rennsteinerstraße mit kleinvassach, wir sehen uns um nach einer möglichkeit im freien zu vögeln, der antoniensteig führt direkt nach dänemark, in eine mir unbekannte küstengegend, wir suchen ein zimmer in der nachsaison, eine gruppe inzwischen (eva[2] ist plötzlich da und friedl[3] und ? und ?), suchen ein zimmer und finden keins . . .;
. . . dann plötzlich ich allein in der leihbücherei st. nikolai, die bücher, die bekannten titel, statt büchern nehme ich aber einige packungen jahrzehnte alte englische zigaretten mit . . . dann wieder die gruppe von vorhin, diesmal in der kernstockstraße, in meiner kindheitswohnung, in jenem zimmer, in dem der ernsti einst seine hausaufgaben hat machen müssen im späteren spiel- und kranken- und fernsehzimmer, wir liegen im bett, in *dem* bett, über dem jesus am ölberg schwitzt, vorher bin ich noch die stiege hinunter aufs klo gegangen, auguste, die eigentlich mit friedl hätte schlafen sollen, auguste liegt nicht im bett, ist nicht mehr da, im bett liegen eva und ich und neben mir friedl und irgendein mädchen (?), ein mäd-

---

[1] auguste ist meine freundin.
[2] eva ist augustes tochter.
[3] friedl ist augustes sohn.

chen aus dem vorzimmer, und während eva über mir kniet und ich mit der rechten in ihrer fut hin- und herfahre, weiß ich, daß meine *mutter,* »die mutti in die stadt« gegangen ist und jeden augenblick zurückkommen kann, gleichzeitig wehre ich aber die angst ab mit der erinnerung, daß ich mir früher, beim »wixn«, diesbezüglich auch schon oft unnötige sorgen gemacht habe (tatsächlich bin ich nie eindeutig erwischt worden), ich will gerade den schwanz einführen, da öffnet sich tatsächlich die zimmertür und herein kommt, im zimmer steht nicht meine mutter, sondern deren zwillingsbruder, der onkel fritz, der kriminalinspektor: oh und oho und aha, hämische freude an der situation; auf meiner seite entsetzen (wenn er herausfindet, daß eva erst in einigen wochen vierzehn wird?) und die intention, ihn schnell wieder abzuwimmeln ... ein gespräch ... es stellt sich heraus, daß seine frau, die tante fini, für einige tage nach wien gefahren ist (?), seltsamerweise kann ich ihn damit in schach halten (realitätsrest: er und ich haben einmal eine art pakt geschlossen, uns bei einschlägigen entdeckungen nicht gegenseitig zu kompromittieren; dennoch hat er das schnüffeln und, meiner mutter gegenüber, das anspielungen-fallen-lassen nie sein lassen können); der traum (oder die erinnerung daran) bricht ab, *bevor* der onkel das zimmer wieder verlassen hat.

*

feste und feiern (auswahl)

die *vorfreude,* hat die sofie, als sie den christbaum gebracht hat, gesagt, die vorfreude sei doch am schönsten.

zum kleinen werner sind *nikolaus* und *krampus* noch persönlich gekommen; später haben sie ihre gaben über nacht in zwei zwischen innerer und äußerer balkontür bereitgestellte teller gelegt. der nikolaus hat in einem großen buch nach irgendwelchen unartigkeiten gesucht, aber nicht immer welche gefunden, der krampus ist dahinter gestanden und hat mit den ketten gerasselt, und ich hab vor aufregung kaum reden können. ein besonders wilder krampus hat einmal den papa mitnehmen wollen, was ich durch flehentliches bitten habe verhindern können. der nikolaus, habe ich später erfahren, hat in den personalhäusern gewohnt und ist eine eisenbahnersfrau und – was sonst – eine kundschaft gewesen, die sich derart etwas geld verdient hat.

weil im geschäft soviel zu tun gewesen ist, hab ich die zeit der vorfreude als kleinkind im kleinvassacher großmutterhaus, als volks- und hauptschüler die nachmittage im advent entweder im geschäft als aufpasser (achtend, daß im »gesteckt vollen« geschäft nicht etwa jemand »böhmisch einkaufe«) oder allein zuhause verbracht; allein daheim, hab ich abgewaschen, ›aufgaben gemacht‹ und weihnachtsgeschenke angefertigt, bilder gemalt zum beispiel, ein bergkirchlein nach einer echten fotografie, ein bauernhaus nach einer kunstpostkarte vom verband *mund-* und *fuß*malender künstler, während ich so vor mich hin gemalt habe, hab ich im radio das deutschsprachige programm von *radio luxemburg* gehört: viel festliche werbung, etliche

meiner lieblingsschlager, allen anderen voran »ein schiff wird kommen« von melina mercouri, wobei mich besonders eine *geflüsterte* textstelle – »gib mir noch einen zug aus deiner zigarette . . .« – merkwürdig beeindruckt hat.
der einundzwanzigste, der zweiundzwanzigste, der dreiundzigste, der vierundzwanzigste. –
letzte anstrengungen im geschäft, letzte vorbereitungen in der kernstockstraße: einkäufe, freudige geschäftigkeit. der christbaum, eine große, bis zur decke reichende tanne. im wohnzimmer ist der kachelofen beheizt worden, ein festlich bewohnbares, über die feiertage ausnahmsweise bewohntes wohnzimmer. ab mittag hab ich ins wohnzimmer nicht mehr hineingehn dürfen, weil dort die mutti zusammen mit dem christkindl den baum »aufgeputzt« hat; ist unverhofft die wohnzimmertür aufgegangen, hab ich schnell weggeschaut, weil sonst das christkindl, scheu, wie es gewesen ist, zum fenster hinaus und davon geflogen wäre. (das christkindl hab ich mir vorgestellt als schönen weiblichen engel, mit dem kleinen christuskind hat mein christkindl nichts gemein gehabt.) immer wieder hab ich am nachmittag in gedanken das gedicht wiederholt, das ich jedes jahr zu beginn der *bescherung* vor dem brennenden lichterbaume hab aufsagen müssen; einige vierzeiler aus dem *perlen reihenbuch* »die schönsten wunschgedichte«. – einbruch der dunkelheit. ein frischer wandschoner im eck über dem küchentisch. tannenzweige, hinter den oberen rand des wandschoners gesteckt. ein frisches tischtuch. radio an. um sechzehn uhr ladenschluß; es hat aber immer noch stunden gedauert, bis der papa (endlich) nachhause gekommen ist; er hat noch »kassa machen« müssen, dann ist er zur frau olbort, zur besitzerin des

annenhofs und vermieterin des geschäftslokales, »zur alten und zur jungen olbort weihnachten wünschen« gegangen, dann noch nach st. nikolai in die kirche und zum zentralfriedhof »aufs grab« seiner eltern, kerzen aufstellen; heimgekommen, hat er erzählt, der ganze friedhof sei »ein lichtermeer«; ins wohnzimmerfenster haben wir – und die meisten andern leute haben das gleiche getan – eine kerze gestellt »zum gedenken an die verstorbenen und im krieg gefallenen«. auf den friedhofsbesuch zu sprechen kommend, hat mein vater jedes jahr aufs neue strophen eines gedichtes zitiert, das er als kleiner bub aufgesagt habe: »markt und straßen stehn verlassen, / still erleuchtet jedes haus, / staunend geh ich durch die gassen, / alles sieht so festlich aus.« – – »in den fenstern haben frauen –«. das festessen: aufschnitt, schinken mit kren, eine flasche dunkles festbier neben einem nur zu besonderen anlässen verwendeten brotkorb, weihnachtsansprachen im radio, stille nacht, »horch –!« kurze reflexion meines vaters über leben und tod, auf seine art, einmal hat er sogar, seine verstorbene mutter erwähnend, plötzlich und herzzerreißend geweint; mutti, begütigend: »aber ernst . . .«. – nach dem essen noch einige male die wohnzimmertür, und dann, ja dann, »horch!«, hats im wohnzimmer geklingelt, und wir sind alle hineingegangen, und – jööhhh . . . »so ein braves christkindl« . . . jedes jahr so ein braves christkindl . . . gedicht aufsagen, weihnachten wünschen, geschenke auspacken, beisammen sein . . . erste versuche mit den neuen spielsachen . . . später, kurz vorm schlafengehn, wieder in die küche, *punsch* trinken und »keksln« essen . . . dann ins bett, einschlafen neben dem christbaum, aufwachen neben dem christbaum, tatsächlich, es ist alles da und wahr . . . einmal bin ich am christtag schon in aller früh, vor meinen eltern noch aufgestanden und hab eine hoch hängende schokoladenfigur vom christbaum nehmen wollen; und *prompt* ist dabei der christbaum um- und auf mich gefallen, »eine *schöne bescherung* . . .« (a.k.)

*

»11. jänner 1954.
ku-no lernt. karl lernt. kurt lernt. kas-par lernt. k kikeriki! aus dem korb. karl, was kostet er? er ist ein kilo schwer. klara, koch was gutes: fleisch, knödel, kraut. in der küche ein herd, ein kasten, eine kiste. kikeriki! aus dem korb. karl, was kostet er? er ist ein kilo schwer.«

in der schule bin ich, wie gesagt, immer der beste gewesen. im zeugnis alles einser, schlimmstenfalls in singen und turnen einen zweier. nie ein »schlampatatsch«. meine schulsachen habe ich immer *piccobello* beisammen gehabt. in meinen heften, zumal in denen der ersten volksschulklasse, einige »*römische*«, römische einser, etliche gewöhnliche einser, einsbiszwei, auch ein zweier ist hin und wieder vorgekommen, nie aber ein zweibisdrei, von dreibisvier oder vierbisfünf nicht zu reden. etwas ungewöhnliches: »da kofla hat strafaufgab . . .« – anlaß hämischer freude vor allem der »stiazla«kinder, gelegenheit, nach schulschluß, wie simonitsch, vor unser geschäft zu laufen, die tür aufzureißen und ins geschäft hineinzubrüllen: »da kofla hot strofaufgob . . .«, noch einmal »da kofla hot strofaufgob . . .« und dann schnell davonzulaufen.

(übung.) »nun ist er tot. leset seinen namen! wo ist tante herma? eine reihe weiter unten. o, so schöne lichter! b bim, bam! aus dem dorf. ui, da schau. ein hase! nero, bleib da! warte doch! b bim, bam! aus dem dorf. nun ist er tot. leset seinen namen!«

4. volksschulklasse: der herr lehrer kattnig. der herr lehrer kattnig ist ein strenger lehrer gewesen; ein aufrechter und sangesfreudiger kärntner, ein vierschrötiger mensch voller eigenheiten, der kattnig, ein gleichermaßen strenger und gütiger, gefürchteter und gnädiger lehrer. durch seine besondere methode der bestrafung, der *züchtigung* mit einem *eisenlineal,* ist er weit über die grenzen seines klassenzimmers hinaus bekannt geworden. (der zu bestrafende hat nach vorne, zum katheder gehen, sich neben dem katheder aufstellen und die innenfläche der gestreckten rechten hand hinhalten müssen; auf diese hat er sodann – ein blitzschnell geführter schlag – mit dem eisenlineal einen, seinen »*batzn*« bekommen, seinen jeweils ersten, da das mindeststrafausmaß zwei batzn betragen hat; das zweite mal hat der kattnig auf die vorgestreckte linke geschlagen, anschließend, je nach schwere des deliktes, wieder auf die rechte, dann wieder auf die linke, links – rechts, bis zur – seltenen – höchststrafe von acht batzn. nach jedem schlag ist auf der handinnenfläche ein roter striemen in der breite des eisenlineals zurückgeblieben. eine eigenheit: während der zu bestrafende sich hinaus zum katheder verfügt hat, hat der lehrer kattnig, mit dem lineal spielerisch umgehend, zum daher-, auf ihn zukommenden gesagt: »kom an . . .«, das heißt, er hat sagen wollen: come on, da ihm ein kärntnerlied aber vertrauter gewesen ist, als die englische sprache, hat

er statt come on jedesmal »kom an« gesagt, »kom an . . .«) – streng und gefürchtet, gütig und gerecht, ein freund und förderer des kärntnerliedes. gesang hat ihn versöhnt. mit gesang hat er sich manchmal verwöhnen lassen; wie ein könig einen narren heranwinkt zu seiner erheiterung, hat er den anthofer, ein kind sehr armer leute, aber »mit ana stimm wia a glökkale«, herauskommen und ihn ein kärntnerlied singen lassen, »in die berg bin i gern« oder »mei hamat is a schatzale« . . . nach der darbietung hat er dem anthofer, weil er »so schen gsungan hot«, oft einen schilling zugeworfen, der kattnig, dem anthofer.
(sinnspruch. am brunnen vor dem tore, / da saß ein alter jud, / er sagt' zu seiner lore: / komm zeig mir deine fut.)
ein skandāl. der kandolf sei's gewesen. er habe es selber zugegeben. es könne nur der kandolf gewesen sein, der kandolf sei ja schließlich »nicht ganz richtig im hirnkastl« . . . jemand habe ihn am nachmittag im schulhof gesehen. bemerkt worden ist *es* aber erst in der früh, vor schulbeginn. welche aufregung! ein erster verdacht. (jemand habe ihn gesehn.) eine einvernahme. kandolf ins konferenzzimmer. kandolf zum direktor. selbst von der polizei ist jemand in die schule gekommen. eine schande. (dazu noch jemand aus der klasse vom herrn lehrer kattnig!) warum er das getan habe. woher er überhaupt dieses wort kenne. was er sich dabei gedacht habe. ein delikt, in batzn nicht mehr aufzuwiegen. ein hervorragender akt konzeptioneller kunst. »land art« anno 1957. ein hervorragender künstler. ein hervorragendes kunstwerk: drei überdimensionale buchstaben, das wort *fut,* über den gesamten schulhof in den schnee getreten.

*

das leben, ein fasching. jedes jahr hat am nachmittag des faschingsonntags im großen pfarrsaal von st. nikolai ein *kindermaskenball* stattgefunden. ich bin zwei- oder dreimal »*als bajazzl*« gegangen, nachdem ich aus dem bajazzl-kostüm »herausgewachsen« war, bin ich »*als chines* gegangen«. heute empfiehlt mir meine mutter, meine miserablen beruflichen zukunftsaussichten betreffend, mindestens einmal jährlich: »geh doch *als lektor!*«

beschreibung eines unfalles am faschingsamstag: ein stilbruch.
(hommage à paul celan)
eines mittags, der fasching war ins land, und nicht nur ins land, gezogen, da fuhr, stieg in seinen wagen und fuhr der idiot, idiot und besitzer eines werkes, eines zementwerkes, und mit ihm fuhr sein name, der lokal bekannte, fuhr und kam, kam dahergerauscht, ließ sich hören, sich und den wein oben, im kastl, im hirnkastl, fuhr bald links, fuhr bald rechts, hörst du, du hörst mich, den pacher, den pacher-karli, i bins, da koale, ich und das, was ich besitze, ich und das, was ich trank – er fuhr also, betrunken, fuhr eines mittags, hollodero, dahin einige straßen, wollt nach lind, fuhr hinauf, fuhr den posthügl – fuhr zur linder brücke hinauf, fuhr, mit einem mordskareé, fuhr ohne rücksicht auf sich und die andern – denn der idiot, was gibt es schon für ihn, das nicht erlaubt wär im fasching, im fasching in villach –, da fuhr er also und kam, kam mit einem achtzger daher aus der kurve, kam, dahergeschleudert, auf die brücke, die hölzerne, die holprige, kam und kam.
kam, ja, auf der seite daher, der linken.
kam, juchu, aufs trottoir, aufs hölzerne.

und wer, denkst du, kam ihm entgegen auf der brücke? entgegen kam ihm eine frau, irgendeine frau nur und deren kind, das um ein halbes arbeiterleben jüngre, klein kams daher, kam, auch es, in seinem wagen, dem langsam geschobenen, dem kindswagen, kam mit seiner mama, kam aus lind und wollt über die brücke, die hölzerne, kam daher und wollt weiter, wollt leben, wollt, wie die mama, weiterleben – und wer, so frag und frag ich, hängt nicht an seinem leben, wenn er's, da gott ihn hat einen arbeiter sein lassen, herborgen muß heute und morgen und übermorgen – kam, kam daher, kam, wies vorgeschrieben ist, auf dem trottoir, kam im kindswagen, kam klein, kam dem andern entgegen; der kam, der idiot, herausgeschleudert aus der kurve, kam, ich hab ein zementwerk, ich hab wein im kastl, im hirnkastl, kam daher auf der seite, der falschen, der kindesseite, groß kam auf klein zu, kapital kam auf arbeit zu, es krachte, wagen kam zu auf wagen, es krachte und krachte, sie stürzten, alle drei, von der brücke, stürzten, du weißt, es ist fasching, hinunter, und klein, das kind, hieß sein leben schweigen vor der herrschaft über ein zementwerk, vor der herrschaft, der verlornen, über einen wagen.

so schwieg plötzlich alles, und es war still auf der brücke und unten, wo sie lagen, der und jene und jenes, unten, auf den schienen, die nach tarvis führen, nach salzburg und nach spittal an der drau.

arme frau, totes kind! aber was, so fragst du, war mit dem idioten? er kam, kam hervor aus dem wagen, kam davon, kam davon mit prellungen und einer anzeige, kam davon mit dem leben, kam, kam und kommt noch immer.

*

bilder, einstellungen, fotografien.
e.k., wie er auf dem tarviser markt vor einem marktstand steht, sich mit dem händler unterhält und gleichzeitig mit der rechten aus einer der kisten vor ihm eine weintraube nimmt, mit der linken ein sauberes, gefaltetes taschentuch aus seiner hosentasche zieht, die traube im taschentuch behutsam abwischt und anschließend in den mund steckt.
a.k., wie sie, das nähzeug auf den knien, in der kernstockstraßenküche auf einem »stockerl« sitzt und das ende des zwirnfadens mit zunge und oberlippe befeuchtet, nadel und zwirn dann ›gegen das licht‹ hält und das fadenende durch das nadelör schiebt.
e.k. von hinten, in schwarzer clothhose und pyjamajacke, ein schwarzes haarnetz auf dem kopf, wie er im iselsberger hotelzimmer spätabends vor dem waschbecken steht und, über dieses gebeugt, einen saftigen pfirsich ausschlürft.
a.k., wie sie mit erhobenem zeigefinger betont, daß man zum *Schmid* gehn müsse und nicht zum *Schmidel*.
e.k., wie er, einen gespitzten bleistift hinter dem ohr, im geschäft »hinter der pudel« steht und mit geübten griffen die registrierkassa handhabt.
a.k. in einem grünen einteiligen badeanzug, wie sie, in einem veldener strandbad in einem stahlrohrliegestuhl sitzend, die proviantdose öffnet und den um sie herumsitzenden e.k., w.k. und h.k. je ein joghurt reicht.
e.k. hinter dem steuer seines *Opel Olympia*.
a.k., wie sie dem »weihwasserflaschl« geweihtes wasser entnimmt und w.k. damit ein kreuz auf die stirne zeichnet.
w.k., a.k., e.k. und h.k. (von links nach rechts) auf einer bank am faaker see.

h.k. und w.k. (mit cousin f.) unter dem christbaum sitzend; w.k. hält ein mit legosteinen gebautes haus in den händen.
w.k. auf dem villacher zentralfriedhof (widmung: »zum muttertag 1949«.)

verehrung. alte leute, geistliche, ordensbrüder und ordensschwestern seien in höchstem maße verehrungswürdig; zutiefst beeindruckend auch, obgleich man »aus der politik« sich heraushalten solle, persönlichkeiten wie adenauer, der jeden tag die hl. messe besuche, raab und figl, später klaus, gorbach und otto schulmeister, der so gut reden könne.

*

DIE RENNSTEINERSTRASSE.

hat man den bahnübergang, »die schrankn«, überquert, ist man die rennsteinerstraße in richtung rennstein, *neue heimat,* kleinvassach hinaufzugehn im begriff gewesen, so ist man *rechterhand* vorübergekommen zunächst am schaukasten des *stadtkinos* (»der hofrat geiger«), dann
am ebenerdigen gebäude des ehemaligen *linder tonkinos* (nach kriegsende ist das linder tonkino aufgelassen worden ... im ehemaligen vorraum und einem teil des ehemaligen kinosaales haben sich in der nachkriegszeit erst die drogerie eder, dann das geschäft kofler mit einem magazin und später, bis heute unverändert, die mauernkirchner molkerei mit einem auslieferungslager etabliert, geleitet vom hochnäsigen herrn janisch, vom »kastandler«, »sie werdns auch noch billiger gebn herr janisch ...«), dann,
im hause des herrn schuster, an der tabak-trafik

kröpfl (in der auslage: die wunderwelt . . . die kinderpost . . . die rasselbande . . .; old-gold . . . old-splendor . . . korso; in der trafik hat's damals noch »offene zigaretten« gegeben . . . fünf *memphis* etwa, eingedreht in einen alten totoschein . . .), dann,
ebenfalls im hause des herrn schuster, am friseursalon jarisch (herren und damenfriseur hanns jarisch), dann am
lebensmittel- und feinkostgeschäft sepp kriebitsch (»nein gnädige frau *hierorts* ist nichts bekannt . . .«), dann,
im nächsten haus, im haus des herrn major werner, an der
konditorei zihlarz (»gemma zum zilaz« . . . »a schwednbombn vom zilaz . . .«), dann, wobei man einige stufen hat hinuntergehn müssen, am
lebensmittelgeschäft pfeifer (das gute *pacher-brot* vom pfeifer), dann
an der schusterwerkstätte viktor irmann und, bevor die rennsteinerstraße sich gabelt in rennsteinerstraße links und meerbothstraße (rechts), am
steuerberatungsbüro thea friz.
linkerhand, die rennsteinerstraße hinauf, unmittelbar nach dem bahnübergang, die
gärtnerei lattacher (ein düsterer mensch, der herr lattacher, mit tagtäglich demselben finsteren gesichtsausdruck ist er zwischen den beeten hin und her und auf und ab gegangen)
das polizei-wachzimmer villach-lind (der inspektor platzer . . . der wachmann regittnig . . .);
die fleischhauerei putz, vulgo könig, die »fleischbank«;
ein garten, eigentlich der hühnerhof des könig-bauern;

die türlin- (bis zum kriegsende: jahn-) straße (abzweigung);
dann, an der ecke türlinstraße – rennsteinerstraße, der »annenhof« (rennsteinerstraße 11): das geschäft meines vaters (wäsche wolle wirkwaren kurzwaren stoffe spielsachen), das elektrogeschäft ing. scharf (später das fahrradgeschäft hollrieder) und, an der gartenseite des annenhofs, zu erreichen über eine angebaute stiege von der türlinstraße aus oder durch den rennsteinerstraßenseitig gelegenen hauseingang, die *gastwirtschaft annenhof,* das gasthaus stattmann (»gute küche – schattiger gastgarten – kegelbahn« ... sommerabende ... unter den kastanienbäumen die werktätigen aus den personalhäusern und den steinerhäusern, die eisenbahner und die postler, die spieler des *vsv* und die anhänger, proletarier, aber nicht alle ›proletn‹.)

rennsteinerstraße: kinder (auswahl).
der jarisch-hansi, sohn des herrn jarisch und der frau jarisch, friseurssohn. (aus unerfindlichen gründen habe ich, im vorschulalter noch, zum jarisch-hansi nicht jarisch-hansi, sondern *kaiser* gesagt, »kaisa«, »servas kaisa«, sowie und wo auch immer ich des jarisch-hansi habe ansichtig werden können, habe ich ihm schon von weitem »servas kaisa« zugerufen, worauf er oft bleich geworden ist und voller wut auf mich eingeschlagen hat – »sog dos noch amol ... sog dos noch amol ...«)
der kriebitsch –?, der kriebitsch-bua, sohn des herrn kriebitsch und der frau kriebitsch, kriebitsch: lebensmittel. (der kleine kriebitsch hat seinen eltern immer sehr brav im geschäft geholfen, »schau der kriebitsch

möcht ma gar nicht glauben wie tüchtig der schon is!«, hat der papa gesagt.)
der zihlarz-kurti, der kleine konditor, sohn des herrn zihlarz und der frau zihlarz. (der zihlarz kurti hat seinen eltern immer sehr brav in der konditorei geholfen, »schau der kurti möcht ma gar nicht glauben wie tüchtig der schon is«, hat mein vater gesagt.) der pfeifer-willi, sohn des herrn pfeifer und der frau pfeifer, feinkost-pfeifer. (der kleine feinkost hat seinen eltern immer sehr brav im geschäft geholfen, »schau der pfeifer möcht ma gar nicht glauben wie tüchtig der schon is!« (e.k.)
der kofler-werner (. . .) hat seinen eltern auch sehr brav im geschäft geholfen (beschäftigungen: sackln stempeln, werbezettel austragen, packln holen, aufpaßn), zumal dann, wenn er gewußt hat, der und der vertreter sei zu erwarten, beispielsweise und allen voran der »schokoladen-onkel«, der herr prass (reelle erwartung: eine schokolade oder schilling fünf in bar), der herr zippusch (fünfzig groschen bis einen schilling) oder der herr scheinig (fünfzig groschen).

rennsteinerstraße 11: linder kaufhaus.

(die knopfschachteln, die spielsachen im fenster, die textilien von widamo, teller, histand und anderen. werbemaßnahmen, fälligkeiten, bei durchsicht unserer bücher –.
sommerschlußverkauf und winterschlußverkauf, herbstkollektion und frühjahrskollektion. briefe an den sehr geehrten geschäftsfreund.
und: das getzner jubiläumspreisausschreiben.)

wenn »der kommunismus« komme, müsse er das geschäft zusperren; »vor lauter neid« würden ihm die roten alles, was sauer erspart und mühsam und ehrlich erworben, wegnehmen; seien die roten »am ruder«, gehe es bergab, dann »habed'ehre ...«

auslage und einbruch.
preistaferln: *mantel,* sehr elegant, nur (s) *573.– sakko,* elegant, *148.– cord-hose,* sehr modern, *133.- socken,* sportlich, ab *18.–*
(in den nachkriegsjahren hat einer namens schöffmann nachts mit einem ziegelstein die große auslagenscheibe zertrümmert, hat einige waren an sich gerafft und ist davongelaufen ... mitten in der nacht ist mein vater durch einen wachmann vom nahen polizeiwachzimmer informiert worden, es sei eingebrochen, eingebrochen sei worden, mitten in der nacht hat er den restlichen, vom dieb übriggelassenen bestand an hemden, stoffen, anzügen aus der auslage räumen müssen ... ein verbrechen im annenhof ... eine stunde später bereits ist der dieb, aufgespürt von einem polizeihund, aus seinem bett in einer personalhauswohnung geholt und verhaftet worden ... verbrechen mache sich eben nicht bezahlt, trotzdem, die »scherereien«, die man habe wegen so einem ...)

brave kundschaften und schlechte. »brave« kundschaften sind häufig, sind immer wieder einkaufen gekommen, haben, im falle eines ratenkaufes, pünktlich ihre im »großen« oder »kleinen buch« eingetragenen schulden bezahlt und im übrigen oft betont, daß sie »nur zum kofla« gehen, beim kofla werde man so nett bedient. schlechte kundschaften haben lange ausgesucht und wenig gekauft, sind, obwohl in lind wohnend, mit einem »*warmuth*-packl« oder einem anderen von einem einkauf in einem innenstadtgeschäft stammenden paket an unserem geschäft vorbeigegangen, haben ihre schulden nicht pünktlich bezahlt oder ihr geld gar statt ins geschäft »ins wirtshaus getragen«, zum saufen und kartenspielen, watten, schnapsen und prefaranzen.

verkaufsgrundsatz: die kunde hat immer recht, auch wenn sie nicht recht hat.
einmal aber – welche aufregung – hat eine kunde, obwohl im unrecht, nicht recht gehabt; weil ihr beim aussuchen nichts recht gewesen ist, ist ihr durch den verkäufer folgendermaßen recht geschehen: eine »kundin« hat sich vom herrn feichter (eine verläßliche kraft ist der herr feichter ansonsten gewesen) eine wäscheschachtel nach der anderen herbei- und von den regalen herunterholen lassen, sich aber für nichts entscheiden wollen; daraufhin hat ihr der herr feichter wütend »ins gesicht gesagt«, wenn ihr nichts passe, solle sie sich doch »*eine rote feder in den arsch stekken*«. der weitere ablauf läßt sich vorstellen: »also –
also dos is doch –
also –
so eine – also
so wos!« *(geschäftstür, abgang).* der herr feichter hat für diese gröbliche verletzung der verkaufspsichelegie von meinem vater, seinem »herrn chef«, ordentlich »das g'stell geputzt« bekommen und wird sich, da ein angestellter, auch wenn er recht hat, nicht recht hat, eine solche frechheit kein zweites mal geleistet haben.

erholung: ganztagsausflüge, halbtagsausflüge, urlaub

(»am siebten tage aber sollst du ruhn . . .« himmelvater*)*

schilauf im winter
sonntag: über die nahe italienische grenze nach *tarvis;* vater parallelschwung, mutter stemmbogen. vor der rückfahrt, am späten nachmittag, jause im albergo central in obertarvis (bestellung: »uno kaffee late mit molto zucker« (e.k.), aufforderung: »werner geh zum kellner und sag: prego baggare signore!«) und einkaufen »beim korschitz«, im untertarviser lebensmittelgeschäft korschitz; jause in späteren jahren ins untertarviser gasthaus teppan verlegt. (die oberen stockwerke des gasthauses teppan sind in den fünfziger jahren durch einen überhitzten zimmerofen dem *roten hahn* zum opfer gefallen. die beiden töchter des herrn korschitz sind in den fünfziger jahren bei einem autounfall schwer verletzt worden. *tarviser eindrücke:* der alte, beleibte, schwer atmende herr korschitz, wie er im trübseligen licht seines ladens den hergang des unfalles erzählt . . . der junge, nervöse, vom gasthausbetrieb gekrümmte herr teppan, wie er vom ausbruch des schadenfeuers berichtet . . . die stände des in villach berühmten tarviser *marktes,* neben obst und wein ein überangebot an preiswerten wie »wertlosen« (e.k.) und zollpflichtigen bekleidungsstücken und hausschuhen . . . in den gaststätten frauen mit vom wein erhitzten gesichtern, wie sie mit neuen pullovern oder westen in der hand aufs klo gehn und nach einer weile ohne pullover oder weste in der hand wieder herauskommen . . . die zollformalitäten an der

grenze, der frühe eindruck einer *amtshandlung,* stundenlanger schreiereien und streitereien, weil mein vater unter der kühlerhaube unseres fiat ein paar patschen unverzollt hat nach österreich einführen wollen, das schmuggelgut aber entdeckt worden ist, man stelle sich vor: der angesehene villacher kaufmann kofler will ein paar patschen über die grenze schmuggeln und muß sich deswegen ausgerechnet einem sozi, dem inspektor sabetzer gegenüber verantworten . . .) schilauf, an freien mittwoch- und, später, an freien samstagnachmittagen auch auf dem »vassacher hügel« und »beim wiegele«; anschließend tee und keksln in großmutters küche und ein besuch beim onkel unterwelz. einmal, schlittenfahren hab ich wollen, hab ich nicht mit hinauf auf den hügel dürfen, weil die mutti gesagt hat, ich muß bei der oma bleiben; »dafür soll ihr (meiner mutter) aber was passiern!«, hab ich, mit meiner großmutter allein, in meinem zorn gesagt; oohh, sowas dürfe ich nicht sagen (bestürzung) . . . sowas gehe oft in erfüllung . . . da tue der himmelvater strafn . . . der sowas wünsche käme in die hölle . . . eine halbe stunde später, welches erschrekken, ist der papa vom hügel heruntergekommen, um den schlitten zu holen: die mutti sei *gestürzt und* – . . . am selben nachmittag noch hat sich herausgestellt, daß sie sich den fuß gebrochen hatte: so war mein böser wunsch in erfüllung gegangen. (»hoffentlich sagt die oma nichts . . . hoffentlich sagt sie nicht daß ich das war . . .« hab ich in einem fort gedacht; die oma hat aber nichts, nichts hat sie gesagt.)

baden im sommer.
im sommer haben wir jeden sonntag im veldener strandbad bulfon verbracht.

die bundesstraße von villach nach klagenfurt und velden am wörthersee ist für damalige verhältnisse äußerst stark und gerade am sonntag oft tödlich frequentiert gewesen. die ersten bilder von *verkehrsunfällen* habe ich auf dieser strecke, bei den sonntäglichen badeausflügen, in mich aufgenommen. auf einer hinfahrt – der erste eindruck eines unfalls überhaupt? – habe ich einen englischen militärlastwagen gesehen, der von der kuppe des wernberger hügels die böschung hinuntergekollert war, verstreut auf dem hügel sind auf decken soldaten gelegen, für mich hat es so ausgesehn, als hätten sie sich gesonnt; ein anderes mal, im verlauf einer rückfahrt, ist neben dem bahnübergang lind/rosegg ein bub in einen personenzug gelaufen: der bub habe die geleise überquert und sich im stationsgasthaus eine wurstsemmel gekauft; beim abermaligen überqueren der geleise habe ihn die »plötzlich dagewesene lokomotive« erfaßt und mit- und zu tode geschleift, ich habe nicht glauben können, daß dieser bub, in meinem alter etwa, tot hat sein sollen – ein dicker verband um das rechte knie, helles blut aus dem mund; neben dem buben, kniend, seine mutter, immer und immer wieder hat sie geschrien: »mei kind . . . mei kind . . .«
tags darauf ist in der kärntner volkszeitung über diesen vorfall als untertitel zu lesen gewesen: *seine vorliebe für wurstsemmeln wurde ihm zum verhängnis.*
im strandbad bulfon hab ich das erste mal, die ersten male die erfahrung gemacht, daß nicht alle kleinen kinder ein puzzile haben.
(später, jahre später hab ich den damen heimlich auf die fut geschaut, ob nicht ein paar haare hervorstünden unter dem badeanzug . . .)

im frühjahr und im herbst
sind meine eltern mit leidenschaft *in die natur* und *auf die berge* gegangen – »natur, etwas herrliches« –, während es mir im grunde immer verhaßter geworden ist, sonntags – zumal im herbst – in die natur und auf die berge gehn zu müssen, an einem sonntagnachmittag im oktober etwa auf einer bank am ufer beispielsweise des faakersees zu sitzen und zu wissen, daß der sommer, die ferien und mit ihnen der von mir damals äußerst stark besetzte *urlaub am iselsberg* »endgültig vorbei« sind . . .

zweitagesausflüge: zweimal zu pfingsten nach triest, mit besichtigung von schloß miramare; das erste mal mit familie moser (onkel, tante und der moser-fritzi) und familie hochkofler (bekannte) – kofler auf fiat, moser auf topolino; das zweite mal mit familie moser und familie moritz (der kleinvassacher oberlehrer moritz und seine gattin, die frau oberlehrer moritz) – kofler auf opel olympia, moser auf renault.

*

iselsberg: urlaub.

ein hauptgrund, auf der welt zu sein und die einzige ausnahme meines damaligen verhältnisses zur natur und zu den bergen ist der alljährlich im juli zusammen mit meinem vater verbrachte urlaub auf dem osttiroler iselsberg gewesen. das ganze schuljahr über hab ich fleißig gelernt, tu recht brav sein und fleißig lernen, dann kannst du auch das nächste mal wieder mitm papa auf den iselsberg fahren, hat es geheißen. das hotel steht an der »alten straße«, an der nunmehr

verfallenen, ehemaligen großglocknerstraße, die zwischen dem hauptgebäude, dem »alpenhotel wacht« selbst und der dependance, dem »haus enzian« hindurchführt. er sei einer der ältesten, schon seit jahrzehnten in diesem haus urlaub machenden gäste, hat mein vater oft erklärt, überhaupt seien die »alten, treuen«, jedes jahr wiederkehrenden gäste wie eine »große familie ... eine große familie ...«
an familienmitgliedern, an brüdern und schwestern habe ich im lauf der jahre kennengelernt (auswahl): herrn und frau generaldirektor zipser aus wien mit etwas seltsamen sohn helmuth, dem zipser-helmuth (»ja helmuth was machst du denn da?« hat die frau zipser den damals vierzehnjährigen, schwer beschäftigten helmuth gefragt; helmuth, der auf der wiese vorm hotel grasbüschel samt erdreich ausgerissen hat: »ich rotte das gras aus ...«); die alte frau worsch aus klagenfurth mit ihrem überhöflichen sohn otto, einem junggesellen (welch ein spaß für uns kinder, den namen otto worsch ohne *w* auszusprechen ...); den fleischgesichtigen herrn fatmann mit frau gemahlin und hund aus hamburg; die »frau direktor« aus wien und ihre tischnachbarinnen, die damen homolatsch, zwei schwerhörige schwestern; das dicke ehepaar engel aus berlin und ihre söhne, die engel-buben; den herrn franke, auch er ein »reichsdeitscher«, mit gattin und pudel; einen chirurgen aus fulda – ein »sehr feiner, hochanständiger, gläubiger mann« – mit ehefrau und lispelndem enkelkind; fabrikant theo dettmer aus hildesheim mit frau und tochter beatrix sowie eine frau goldschmidt aus dortmund mit ihren söhnen, aber ohne herrn goldschmidt (die frau goldschmidt habe ja, aber nicht daß sie das weitersagen, was mit'm kiefer-sepp gehabt, dauernd habe sie auf dem »kiefer-

hof« sich aufgehalten, angeblich, um reiten zu lernen . . . reiten).
familienvater- und mutterfunktionen haben herr und frau mayerl, die besitzer, wahrgenommen: die frau mayerl, eine resolute, um küche und keller bemühte *mammi* im weißen arbeitsmantel (»jo da werrna«, hat sie im vorübergehn, immer etwas abwesend, zu mir gesagt), der herr mayerl, ein sehniger älpler, mehr handwerker und hauselektriker als hotelchef, unermüdlich – er werde sich noch einmal »zu tode rakkern« – auf den beinen, weitausholenden schrittes . . . (er habe, hat er meinem vater anvertraut, »oben« eine pistole versteckt, für den fall, daß »die russen kommen« . . .).

weibergeschichtln. von frau dettmer, frau goldschmidt vielleicht oder, während meines ersten aufenthaltes, von einer ungeheuer *sanften französin* namens jeanette abgesehen, hat keine der alljährlich im alpenhotel anwesenden damen meine besondere aufmerksamkeit erregt; ihnen gegenüber habe ich die kellnerin und das eine oder andere stubenmädchen umso *anziehender* gefunden. ohne vom *darunter* anfänglich eine bestimmte vorstellung zu haben, bin ich vom ersten urlaub an hinter etlichen *röcken* her gewesen.
mit vorliebe bin ich bei sich bietender gelegenheit der kellnerin, wenn sie im leeren speisesaal die tische gedeckt hat, von tisch zu tisch nachgegangen und hab mich mit ihr unterhalten; dem stubenmädchen wiederum hab ich manchmal beim aufräumen in mir fremden, wildfremden zimmern gesellschaft geleistet . . .
die große, blonde frau dettmer: wo ist die frau dettmer, was macht die frau dettmer gerade, geht auch

die frau dettmer in die kirche, sitzen die dettmers schon am tisch, schnell noch einen blick hinüber zu frau dettmer. »die frau dettmer«, hab ich zum papa gesagt, »ist aber eine sehr charmante frau«, und die frau dettmer – sie ist so um die vierzig gewesen – hat, von meinem vater informiert, dieses *kompliment* ungeheuer *rührend* gefunden, also ganz rührend . . . die frau dettmer, die beatrix, der papa und ich am abend meines zwölften (?) geburtstages: während der herr dettmer mit anderen nach lienz zu einem *männerabend* gefahren ist, sind wir in der bauernstube gesessen, die frau dettmer hat sekt bestellt, auch ich hab ein glas trinken dürfen und noch eins, mein erster »schwips«, »richtig beschwipst« und ungemein lustig (in ehren) sind wir noch hinauf in beatrix's zimmer, meine einfallsreiche und auf einmal *ungehemmte* lustigkeit hat die erwachsenen auf das glänzendste unterhalten, sie haben sich auf dem bett »zerkugelt« (e.k.), ich habe vorgeschlagen, die, haha, vor die zimmertüren zum putzen hingestellten schuhe zu vertauschen, die schuhe des herrn direktor zipser etwa vor das zimmer der ingrid, der jungen, üppigen mayerltochter zu stellen, man stelle sich vor, der kleine herr direktor zipser und die ingrid, und willig, ununterbrochen sich »zerkugelnd« und ihres standes nicht mehr achtend haben beatrix's mutter und mein vater ihnen fremde schuhe aus dem ersten stock in den zweiten und aus dem zweiten stock in den ersten getragen, eine von mir hervorragend organisierte verwirrung, durchzugsgäste, die am nächsten morgen abgereist sind, abreisen haben wollen, haben zunächst nicht abreisen konnen, weil sie erst die gänge nach ihren schuhen haben absuchen müssen, worüber sie sich beim ahnungslosen herrn mayerl wütend beschwert

haben. (wir seien da fast ein bißl zu weit gegangen, hat der papa am nächsten tag gemeint.)
die ausnahme der ausnahme: einmal bin ich, statt mit'm papa im juli, mit der mutti und dem hansi im september »aufm iselsberg« gewesen; – ein schwermütiger, vom ständigen gefühl, alles sei ganz *anders als sonst,* beeinträchtigter urlaub. das höchstmaß an verschiedenheit: der erst erlaubte und dann verbotene besuch einer filmvorführung im speisesaal (weil »da hansi« sich beim spielen schmutzig gemacht hat, hab ich nach dem abendessen schlafen gehn müssen, sind wir alle drei schlafen gegangen; durch die holzböden des alpenhotels hab ich, heulend im bett im dunklen zimmer liegend, im speisesaal den film ablaufen hören, erst nachdem stühlerücken das ende des films signalisiert hatte, bin ich erschöpft eingeschlafen . . . im selben hotel, im selben alpenhotelspeisesaal, hatte ich viel früher schon, auf urlaub mitm papa, als monatliche filmvorführung den für mich eigentlich verbotenen streifen »fuhrmann henschel« mit der mir damals äußerst *imponierenden* nadja tiller in der rolle der *sündigen magd hanne* gesehen . . .):

die einsamkeit des mesners bei der kollekte.

fagölzgot	fagölzgot	fagölzgot
fagölzgot	fagölzgot	fagölzgot
fagölzgot	fagölzgot	fagölzgot
fagölzgot	fagölzgot	fagölzgot

im franziskanerkloster st. nikolai. als volksschüler bin ich im beichtstuhl vom pater guardian zum ministrieren verführt worden. weil ich so schön, so andächtig gebeichtet hab, hat der pater guardian mich gefragt, ob ich nicht ministrant, diener am tisch des herrn werden wolle; »gern«, hab ich geantwortet. nach einigen wochen des ministrieren-lernens bin ich auf anhieb der lieblingsministrant des pater guardian geworden. nach jeder messe, die er mit mir als ministranten gelesen hat, hat er gesagt: »so, jetzt wartst a bißl«, ist durch die klausurtur hinauf in seine zelle, kurz ausgeblieben und eilig wieder zurückgekehrt: mit einem apfel oder einem osterei oder einem stück kuchen oder sonstwelchen »guttilen«; sodann, manchmal, ein sanftes mir-über-den-kopf-streicheln, »so . . . jetzt gehst schen zaus . . . gel . . .«

in der sakristei ist auf der sogenannten »ministrantentafel« die diensteinteilung ersichtlich gewesen. diese einteilung ist jeden samstagnachmittag im rahmen der »heim-« oder »ministrantenstunde« vom für die ministranten zuständigen pater – zunächst vom pater guardian, später vom pater markus, der den ministrantenhaufen erst »auf zack« gebracht hat – erstellt worden. so eine heimstunde hat der pater markus, bei allem einem ministranten anstehenden ernst, stets sehr lustig gestaltet: »zicke zacke zicke zacke«, hat er gerufen, und die meßdiener haben »hei hei hei« gebrüllt; er darauf wieder: »noch amol . . . dos woa jo goa nix . . . – zicke zacke« – »hei hei hei« . . .

ein großes kloster, eine lichtlose sakristei. ein hauptberuflicher, ein ehrenamtlicher mesner. der hauptberufliche mesner, herr klocker, ein »nervler«, hat jahrelang zwischen seinem sakristeidasein und einem nervenheilanstalts-dasein hin- und hergewechselt, sakristei – nervenheilanstalt, sakristei – nervenheilanstalt, bis er eines tages für immer in der nervenheilanstalt verblieben ist. seine stelle hat daraufhin der junge, einfältige frater albin aus tirol eingenommen; jedes-

mal, wenn er die in der sakristei stehende muttergottesstatue abgestaubt hat, hat er ihr einen *schmatz* versetzt und zu ihr herzlich »mei muattale« gesagt, »mei muattale . . .« später ist für den frater albin der gleichfalls junge, feiste frater burkhard gekommen, ein bruder mit bildungsanspruch, der klavierstunden besucht hat und mich meiner intelligenz, nur meiner intelligenz wegen (?) besonders ins herz geschlossen hatte; immer wieder hat er mir einträgliche dienste bei hochzeiten und begräbnissen vermittelt, und vor allem hochzeiten haben oft allerhand abgeworfen, am meisten die hochzeit der heimischen filmschauspielerin heidelinde weis mit einem berliner filmproduzenten, mit hildegard knef als trauzeugin; hildegard knef, man stelle sich vor, in der villacher nikolaikirche, hildegard knef, für mich zeitweilig sogar zum greifen, zum an-, zum »ausgreifen« nahe, welche aufregung . . . (aufregung auch unter den klosterbrüdern – »film schauspielerinnen«, hat der frater burkhard vor der trauung bedeutungsvoll zu mir gesagt, »filmschauspielerinnen sind leider oft auch *filmhuren* . . .«)
(überhaupt, die deitschn:)
unmut unter den pfarrkindern. »eine schweinerei sondergleichen«, daß man sich »sowas« einfach gefallen lassen müsse – in der nikolaigasse, ausgerechnet in der nikolaigasse, gegenüber den fenstern vom großen pfarrsaal hat »party-berndt«, »der schwein vom wörthersee«, ein des landes verwiesener deutscher millionär (orgien habe er gefeiert . . . ungeheure schweinigeleien . . . sodomie in seiner villa am wörthersee . . . unzucht mit minderjährigen . . . abtreibungen . . .), hat »party-berndt« eine automatenwäscherei hinbauen lassen. ungeheuer: hier kinderbälle, theateraufführungen (»der verkaufte großvater«), farblichtbildervor-

träge (»dolomitenfahrten«), erstkommunionsfrühstücke, katholische männer- und katholische frauenabende – und gegenüber das machwerk von »dem fok do«, diesem ferkel da . . .

kleinschriftenreihe.
die titelseite einer aufklärungsbroschüre, verteilt vom katecheten: auf rotem grund die umrisse einer turmuhr, die einige minuten vor zwölf zeigt (ich habe an eine schwüle sommernacht gedacht), darüber schwarze *kleckse* und *spritzer* und *flecken* und (in einer schwülen sommernacht) der titel: *auch du?*

leihbücherei st. nikolai, autoren (auswahl):
karl may, edgar wallace, hans dominik, ganghofer, reimichl und dolores visèr (»licht im fenster« – »mei dos is schen . . .«)

*

fertigbeichte (1955–62/63, mindestens einmal monatlich).

kreuzzeichen.
ich bekenne vor gott dem allmächtigen vater daß ich während dieser zeit folgende sünden begangen habe. –
meine letzte beichte war am (war vor) . . .
(sehr kurze pause).
–: ich habe die eltern geärgert, ich habe nicht gefolgt, ich bin frech gewesen;
ich habe gelogen;
(einige male auch: ich habe gestohlen);
(manchmal: ich bin faul gewesen);
ich bin zornig gewesen mein jesus barmherzigkeit.
(ein witz, erzählt von onkel fritz: einer möchte beich-

ten gehen, hat aber angst, sich dem beichtvater zu offenbaren, und erzählt einem anderen von dieser angst, der weiß rat: in einem bestimmten beichtstuhl sitze der »terische« (schwerhörige), zu dem solle er gehn, er müsse nur irgendwas »daher-brabbeln«, plemperempempem oder so was, und werde schon losgesprochen. das werde er probieren, sagt der eine. er geht also zum bezeichneten beichtstuhl, kniet sich hin und spricht durch das gitter: *titterittiti,* und nochmals: *titterittiti.* sagt der priester darauf: *tamteramtamtam,* der terische sitzt *nebenan.)* ein rigider beichtcharakter. – die eltern geärgert, nicht gefolgt, frech gewesen, gelogen, zornig, mein jesus barmherzigkeit, und immer wieder aufs neue: – nicht gefolgt, frech, gelogen, zornig, barmherzigkeit.
ich bin, was das 6. gebot anbetrifft, im beichtstuhl offiziell, dh. dem beichtvater gegenüber, immer *rein* gewesen. mit aufkommender pubertät ein exzessiver *augensünder,* ein *gedankenschwein,* bereits »ganz dem bösen hingegeben«, dem *entsetzlichen laster* der *selbstbefleckung* verfallen, den gefahren des *blödwerdens* und des *rückenmarkschwundes* ausgesetzt, gezeichnet bereits von *schweißausbrüchen* und *schwarzen ringen unter den augen* (die augen sind der spiegel der seele), bin ich, was das 6. gebot anbetrifft, in der *schwuelen* intimsphäre des *beichtstuhles* immer *rein* gewesen. der erste und einzige versuch, im beichtstuhl, was das 6. gebot anbetrifft, nicht von-vorn-herein rein und unbefleckt aufzutreten, ist gescheitert. was mache ich nur, habe ich mir gedacht, wie mache ich es nur, ich möchte nicht sagen: ich habe unkeuschheit getrieben, ich bringe es auf keinen fall fertig zu sagen, ich hätte unkeuschheit getrieben, nur nicht sagen müssen: ich habe unkeuschheit *getrieben,* aber auf die dauer, habe

ich mir gedacht, ist es ein unhaltbarer zustand der todsünde, zum tisch des herrn zu gehen, ohne im beichtstuhl vorher gesagt zu haben: ich habe unkeuschheit getrieben oder: ich bin unschamhaft gewesen. was soll ich nur machen ich weiß schon wie ichs mache, habe ich mir gedacht, ich geh zum pater johannes beichten, der pater johannes ist alt und gebrechlich und vor allem wie mir scheint *schwerhörig,* »terisch«, also wird er auch, was das 6. gebot anbetrifft schwerhörig sein, wird er aufgrund seines gebrechens, seiner schwerhörigkeit, nichts verstehn, geh zum pater johannes, habe ich mir gesagt, du gehst einfach zum pater johannes das ist der richtige beichtgroßvater für dich.
bevor ich zum pater johannes beichten gegangen bin, habe ich mich mit mir für den fall, daß er so *schwerhörig auch wieder nicht* sein sollte, auf die kürzeste formulierung geeinigt, etwa auf: »– unkeusches gehört (getan) gesehn . . .«, sodann habe ich den beichtstuhl, die von mir aus gesehen rechte beichtstuhlzelle betreten, mich hingekniet, das türchen aufgemacht und zu beichten begonnen:
ich bekenne, habe ich zum abwesend und starr, mit geschlossenen augen hinter dem gitter sitzenden pater johannes gesagt, ich bekenne vor gott dem allmächtigen vater daß ich während dieser zeit folgende sünden begangen habe. meine letzte beichte war vor . . . ich habe die eltern geärgert ich habe nicht gefolgt ich bin frech gewesen, sodann habe ich – jetzt! –, was das 6. gebot anbetrifft, an sünden angeführt: ich habe unkeusches gehört getan angesehen ich habe ge – ich habe gelogen, habe ich schnell zum nächsten und vorletzten punkt kommen wollen, da hat der alte, der, was das 6. gebot anbetrifft, überhaupt nicht schwerhö-

rig, sondern im gegenteil sehr hellhörig gewesen sein muß, mit ruckartiger, unerwarteter heftigkeit meine litanei unterbrochen, und laut hat er gefragt, fast schon angeschrien hat er mich: »*getan? getan auch?*« n-nein, habe ich gesagt, nein, nein, entsetzlich, habe ich mir gedacht, entsetzlich, ich werde, was das 6. gebot anbetrifft, nie mehr etwas beichten, nie mehr, bei welchem pater auch immer werde ich, was das 6. gebot anbetrifft, etwas beichten.

(komminion.
komminion gehn / und ganz hinten stehn / ganz hinten stehn und / nach vorne gehn / andächtig zur komminion gehn / und noch kurz besinnend stehn / und dann wieder nach hinten gehn / ohne nach rechts und links zu sehn / hei!)

*

wie ich das erste mal vorsätzlich etwas unkeusches gelesen und dabei einen steifen bekommen habe.

eines tages, zur österlichen zeit, hat der jaritz-harald, vom großen jaritz der bruder, in die schule einige *zettel* mit schreibmaschine beschriebene seiten mitgebracht, mit denen er sehr geheimnisvoll umgegangen ist, aus denen er während der großen pause seinen schulkameraden mit gedämpfter stimme vorgelesen hat. als klassenbester nach hinten, an den rand gedrangt, habe ich nur erahnen können, daß es sich um eine *schweinigelei* handeln müsse nur um eine schweinigelei kann es sich handeln, habe ich mir gedacht. anstatt aber zur frau fachlehrerin oder zum herrn fachlehrer zu gehen und ihnen das zu »melden«, habe ich seltsamerweise auf eine gelegenheit gewartet, den zettel selbst lesen zu können; gegen ende der letzten stunde endlich ist der unter den bänken heimlich herum- und weitergereichte zettel auch unter meine bank und in meine hände gelangt; alle wiederholten ermahnungen, alles mir diesbezüglich wieder und wieder *eingetrichterte* außer acht lassend, hab ich hastig – jetzt oder nie – zu lesen, den inhalt in mich aufzunehmen angefangen:
– wie (so hat die geschichte begonnen) eine *novizin* in ein kloster kommt, wie ihr eine zelle zugewiesen wird, wie eines abends – die novizin (die ich-erzählerin) liegt schon im bett – sich die zellentür öffnet, eine junge, *nackte* nonne in die zelle kommt, sich zur novizin ins bett legt und deren brustwarzen zu streicheln beginnt, die sich sofort aufrichten; wie die novizin eine »sonderbare ahnung«, ein »noch nie erlebtes wonnegefühl« durchströmt; wie die nonne die novizin fragt, ob sie das

möge; wie die novizin bejaht; wie die nonne der novizin auf die »lustspalte« greift und ihr am kitzler herumzuspielen beginnt und die novizin auffordert, bei ihr, der nonne, dasselbe zu tun; wie die »futn« der beiden ganz naß werden; wie die ich-erzählerin, die novizin, gefragt wird, ob sie *bereit sei,* denn am nächsten tag werde ihre entjungferung stattfinden.
erhitzt, verwundert über ein »noch nie erlebtes wonnegefühl« im schwanz, habe ich weitergelesen:
am nächsten tag habe man die novizin geholt und in einen saal gebracht, wo schon alle nonnen und mönche versammelt gewesen seien. die ich-erzählerin: »die genußwurzeln der mönche standen kerzengerade in die höhe . . .« man habe sie auf ein bett gelegt, die andern hätten rund um das bett aufstellung genommen und ihren körper »mit geilen erwartungsvollen blicken abgetastet«. der abt habe dann einen jungen mönch mit einem »kurzen dicken« bestimmt, die entjungferung durchzuführen. der mönch habe sich auf sie geschwungen, bevor er ihr aber seinen »freudenspender« in die »lustspalte« gesteckt habe, habe er ihr befohlen, seinen »heißen schwanz mit der zunge zu kühlen«. erst nachher habe er »seinen ständer in ihre schon ganz naße fut« eingeführt. auch die andern, umstehenden hätten inzwischen im stehen zu ficken begonnen. »gierig« habe sie alle fickbewegungen mitgemacht. (. . .) bevor sie »vor lust ohnmächtig« geworden sei, habe sie »gerade noch« sehen können, wie »der abt seinen triefenden schwanz aus dem loch der oberin zog . . .« –
läuten, unterrichtsschluß, verwirrung. ministrant, diener am tisch des herrn. das sechste gebot gel du weißt schon. aus dem triefenden loch der oberin. deine mutter ist auch eine frau. fut schon ganz naß.

aufsehend, ob mich auch niemand beobachte, habe ich den zettel schnell unter meinen ärmellosen pullover geschoben und bin damit zwischen bänken, schultaschen und zusammenpackenden schülern hindurch hinaus aufs klo gegangen, hab die tür hinter mir verriegelt und den zettel – den text noch einmal überfliegend und gleichzeitig den herrgott um vergebung bittend – *zerrissen,* in die klomuschel geworfen und hinuntergespült. (daraufhin habe ich gewartet, bis es im schulhaus still geworden ist; dann erst hab ich aus dem inzwischen leeren klassenzimmer meine schultasche geholt und bin nachhause gegangen. zuhause hat niemand an mir eine veränderung wahrgenommen, insbesondere die mutti, die behauptet hat, sie könne alles von der »nasenspitze ablesen«, hat von meinem mit »lustspalten und genußwurzeln« vollen kopf nichts bemerkt.)
dem jaritz-harald hab ich am nächsten tag erzählt, ich hätte den zettel mit nachhause genommen und wiedermitzubringen vergessen. später habe ich ihm erzählt, meine mutter habe den zettel entdeckt und vernichtet. der kleine jaritz jedoch hat mir nicht geglaubt und hats seinem bruder, dem großen jaritz gesagt. am sonntagvormittag dann, ich hab gerade, aus der nikolaikirche vom hochamt kommend, die fotos im schaukasten des elite-kinos angeschaut, ist auf einmal der große jaritz neben mir gestanden, ein auftritt von hinterhältiger plötzlichkeit, ein großer und bedrohlicher jaritz.

jaritz: wo is da zettl, ha?
 (hat mich mit dem kopf gegen den schaukasten vom elite-kino gestoßen.)
ich: mei muatta –

jaritz: dei muatta . . . wo da zettl is, will i wißn, sog wo host ihn.
(schaukasten.)
ich: jo wenn ihn mei muatta –
jaritz: da zettl
(schaukasten)
da zettel muaß hea . . . oda i schlog di zu an tonzbean . . .
(schaukasten, vorhang.)

apperzeption.
in der *gaswerkstraße,* haben meine schulkameraden erzählt, gebe es ein haus, *ein gewisses haus,* dessen leiterin ludmilla kafka, *kafka ludmilla* heiße: kafka ludmilla, ledigenpension, stehe im telefonbuch. in jenem gaswerkstraßenhaus, haben die in der nähe wohnenden dollhopfgassenkinder, die »dollhopfgassler« berichtet, in jener pension, im »puff bei da ludmilla« werde nur *gevögelt,* und *bezahlen* müsse man dafür, übersteige man die mauer und erklettere eine der beiden vor dem haus stehenden tannen, könne man durch die ritzen der abends immer geschlossenen grünen fensterläden die leute *tupfn* sehen, ganz genau könne man alles sehn, so die dollhopfgassler. einmal ficken koste einen hunderter; für nur drei schilling aber könne man bereits *hinein*gehn, in der vorhalle warten (die puffmutti drücke dann auf einen klingelknopf, eine tür gehe auf und heraus kommen, in durchsichtigen und durchscheinenden *baby-dolls,* die huren) und, für nur drei schilling, könne man dann »die weiba« eine nach der andern anschaun, abtasten, ausgreifen, die tuttln angreifen, ja sogar prüfend mit dem finger in die fut hineinfahren; habe man derart für nur drei schilling einige »gefingert«, müsse man

nur sagen, nein, man sei nicht zufrieden, und einfach wieder gehen, das haus verlassen – so einfach sei das, haben die dollhopfgassler aus angeblich eigener erfahrung berichtet.

interpretationen.
wenn man sich irgendwo am körper, beispielsweise über dem schwanz, mit *glycerin* einschmiere, bekomme man dort schwarze haare. (kellner)
es müsse ein grausiger anblick sein, wenn bei der geburt dann das kind beim *arsch* herauskomme, wenn da alles so aufgebläht sei . . . (jarisch)
(und so also sollen die kinder entstehn –) er könne sich das nicht vorstellen, unvorstellbar, daß auch seine eltern solche »fokn« (ferkel) gewesen sein sollen . . . (jarisch)
(und jetzt bekomme sie ein kind:) aha, also hat er mit ihr *geschmust* . . . (kofler)
– gefährlich sei es, die frau am *kitzler* zu reizen – höre man plötzlich damit auf, fange die frau entsetzlich zu schreien und zu wimmern an; sie laufe gefahr, wahnsinnig zu werden, etliche seien auf der stelle wahnsinnig geworden . . . (fredl fradl)

verbal-exhibitionismus: herr alfred fradl, vertreter für bodenbeläge.
»a klassa habara da fredl . . . a klassa habara . . .«: der fredl hat häufig im park vor der schule, im vogelweidpark, auf uns, seine jungen freunde, gewartet; obwohl selbst nichtraucher, hat der fredl immer zigaretten bei sich gehabt, zehn *nil,* die er uns dann angeboten hat, hat er bei sich gehabt und »bildln«, fkk-bildln, »nockate«, die er uns, versammelt um eine parkbank, hat anschaun lassen. wenn seine bildln uns

gefallen haben, ist der fredl sehr zufrieden gewesen und hat mitgelacht, noch zufriedener ist der fredl gewesen, wenn seine *gschichten* aufmerksame zuhörer gefunden haben, und der fredl hat viele geschichtln gewußt, geschichten, von ihm selbst erlebt, immer neue geschichten mit immer demselben inhalt: wen er wo wie gewetzt habe, in innsbruck etwa, im innsbrukker puff habe er einmal von hinten eine gepudert also die –, in linz, in der »neuen heimat«, habe er gleich zwei auf einmal »g'nagelt«, mutter und tochter, ein unheimlichs theata ... oder, haha, damals, wie er im winter und im wald, im freien, müsse man sich vorstellen, eine genagelt habe ... wie er in ... eine genagelt habe und wie er in ... eine genagelt habe ... (als vertreter komme er ja viel herum) ... da habe er eine *so* und dort habe er eine *so* genagelt, hie und da habe er eine auch *so* genagelt ... genagelt ... *nageln,* sein lieblingsausdruck ... besser genagelt als gevögelt ... bei jeder zusammenkunft im park: wen er wo wie –, genauer: *wo* er *wie wen* genagelt habe, wobei die charakterisierung des *wen* in der unterscheidung von fetten und dünnen weibern, engen futn und weiten und in der wahrnehmung verschiedener haarfarben bestanden hat.
keiner von uns hat indes den fredl je in begleitung einer frau gesehn.
(er sei nicht verheiratet; seine *mutter* – nie ein wort über seinen *vater* –, seine mutter, die er regelmäßig besuche, wohne in linz.) unsere geheimen befürchtungen, so einer könne nur einer von der andern fakultät sein, haben sich als letztlich grundlos herausgestellt.
der fredl hat bildln vorgeführt und geschichtln erzählt, nichts weiter.

*

»*falls*«, hat die mutti zu mir gesagt, »falls die buben in der schule oder beim spielen schweinische witze gel du weißt schon erzählen sollten . . . die frau in den *schmutz* ziehen . . . in den schmutz«, so möge ich immer daran denken: »*deine mutter ist auch eine frau*«. anstatt diesen rat aber bei einschlägigen anlässen zu befolgen, habe ich *frau* und *mutter* immer mehr voneinander getrennt – bis zur zwar nie gedachten, aber inhaltlich zutreffenden umkehrung »deine mutter ist *keine* frau«; möglicherweise hab ich die mutti nicht *schmutzig* machen wollen.
(ein immer mehr auseinanderfallendes frauenbild. frauen, die vögeln, und frauen, die kinder kriegen. eine immer härtere konfrontation von hure und mutter. solche und solche. am beispiel der lehrmädchen und verkäuferinnen in unserem geschäft: auf der einen seite die gaggl-ilse, »eine schlampe« (a.k.), die zu pudern ich leider zu ängstlich, unerfahren und weltfremd, alles in allem schlichtweg zu blöd gewesen bin (das optimum: die ilse auf meinem fahrrad nachhause fahren, ihren arsch spüren und dabei einen »mords«-ständer bekommen), auf der anderen seite die sereinig-sophie, eine »gute kraft«, »sehr brav und christlich«, die dann auch einen braven burschen sich zum mann genommen hat, einen tüchtigen steirischen tischler namens *stockenreiter*, »frau stockenreiter«, die schwangere frau stockenreiter.)

in wien, im rahmen der aktion »österreichs jugend lernt ihre bundeshauptstadt kennen«, im wiener jugendgästehaus »hörndlwald« hat mich »da john«, mein bettnachbar, nachts im schlafsaal mit erfolg zum »wixn« aufgefordert, »zur selbstbefriedigung verführt«. (. . .) das gefühl, mehr und mehr den verlok-

kungen des *bösen* zu erliegen, mich dem *verbotenen* ganz hinzugeben, »*ganz tief zu sinken*« (a.k.), hat die schilderungen des john – es sei »a gfühl zum hoch- und weitspringen« – bestätigt. (am darauffolgenden tag, vor dem abendessen, hab ich wieder . . . die andern sind in den speisesaal, nur ich bin aufs klo gegangen . . . aus angst aber, allzu auffällig zu spät zu kommen, hab ich wieder aufgehört . . . zum schein die spülung gezogen . . . auf dem weg zum speisesaal einem vorbeigehenden mädchen deren zu boden gefallene geldbörse aufgehoben . . . rot geworden und hastig weitergegangen . . .)
(was für ein frühjahr, welche verwirrung . . . das tagtägliche besichtigen von sehenswürdigkeiten, eine rahmenhandlung . . . das geräusch zerplatzender, vorher luftballongroß aufgeblasener präservative, *olla* gummiwaren, haha . . . »apache«, geisterreiter, im schlafsaal auf der gitarre geklimpert vom ungesund blassen, »kasweißn«, immer schwitzenden preißl . . . eine mädchenklasse aus tamsweg in einem anderen trakt des heimes . . . annäherungsversuche, wunschvorstellungen und übertreibungen, der fette mayr mit seinen angeblich nach fut stinkenden fingern, »mogst riachn?« . . . gespannte erwartung, meiner mutter wieder »unter die augen treten« zu müssen, ob sie was bemerkt, was soll sie bemerken, hoffentlich bemerkt sie nichts . . . »*auch du?*« . . . auch du, du auch, gehörst du auch schon zu denen die –)

zweierlei sport. im sommer nach jenem wien-besuch bin ich gelegentlich zum »john« gegangen, um mit ihm tischtennis zu spielen. in der nachmittags leeren garage (der *dkw* seiner eltern ist um diese zeit in der rennsteinerstraße gestanden) haben wir zunächst tischtennis gespielt; zwei mal sind wir nachher ins ebenfalls leere haus hineingegangen, haben uns nebeneinander oder gegenüber irgendwohin gesetzt und uns, jeder den seinen bedienend, einen ›runtergeholt‹. ein drittes mal, im herbst, hat der »john« das nicht mehr machen, nicht »fallen«, nicht mehr *schwach* sein wollen – er müsse lernen, hat er gesagt . . . mich hat das nicht gestört, und während er mit geografie sich beschäftigt hat, hab ich einfach auf den boden eines mir wildfremden wohnzimmers gespritzt. kopfschüttelnd hat der »john« daraufhin einen fetzen geholt, und ich hab den schlatz zusammengewischt.

einmal, bei tisch im kloster –, im klosterrestaurant wernberg, hat mein vater, mich lange an-, mir »tief in die augen« sehend, nach einer weile schweigen zu mir gesagt: »*die augen sind der spiegel der seele . . .*«

*

das bedürfnis danach und die angst davor:
wie ich das erste mal

heidi. an einem sonntag im juli, unmittelbar nach der ankunft im alpenhotel, beim ersten mittagessen meines letzten urlaubs am iselsberg: eine neue *kellnerin* ist da, hab ich festgestellt, und was für eine – eine derart hübsche kellnerin, hab ich mir gedacht, hab ich hier noch nie angetroffen, daß so jemand überhaupt kellnerin ist und nicht filmschauspielerin, da ist die frau dettmer ja völlig uninteressant dagegen. »fräulein heidi«, hab ich vom nebentisch gehört, »fräulein heidi bitte: –«; heidi, aha. fräulein heidi ist dann auch an unseren tisch gekommen: ein anzüglicher blick beim eingießen der suppe, ein leicht spöttisches lächeln beim abtragen der suppenteller; dieser blickwechsel – unglaublich, das soll mir gelten? – hat sich jedesmal, wenn sie serviert oder abserviert hat, wiederholt. mein vater, dem das nicht verborgen geblieben ist, hat gemeint, ich sei eben ein »fescher bursch«; tatsächlich soll ich damals, mit fünfzehn, ein ganz fescher bursch gewesen sein, jo so ein fescher bursch, haben die leute gesagt, so ein bursch ein fescher. nach dem mittagessen hab ich mich in die leere ›bauernstube‹ gesetzt und einige illustrierte durchgeblättert. zu beginn der »zimmerstunde« ist für kurze zeit auch heidi hinter der kleinen theke aufgetaucht und hat ebenfalls in einer illustrierten gelesen, zwischendurch auf- und zu mir herüberblickend; ich hab die blicke ausgehalten mit herzklopfen, einem merkwürdigen gefühl in der magengegend und einem steifen schwanz, aber ohne *rot* zu werden – eine seltenheit.
(– ich hab damals, in den anderthalb jahren vor jenem urlaub, ja nur . . . meine beziehungen zu mädchen

haben sich hauptsächlich im »*gehen*« erschöpft, mit »einem madl gehn«, gleichgültig, mit welchem, wichtiger, beim gehn gesehn zu werden (villach ist eine kleinstadt), nach der tanzstunde eingehängt nachhause gehen und weiter nichts (eingehängt, wie mein vater seinerzeit, zu seiner tanzschulzeit, mit seiner trude gegangen ist); selten – ein höhepunkt an körperkontakt –, daß ich mit einem mädchen *hand in hand* gegangen bin (ständer), häufig, daß ich irgendwelchen mädchen nachgegangen, »nachgestiegen« bin, ohne es fertigzubringen, sie anzureden. kein »chef bei die weiba«, ungeübt im »aufreißn«, im »schmähführn« nicht bewandert, bin ich am schluß oft genug dagestanden als trottel: das taschengeld ausgegeben für einen lokalbesuch, daheim »meine tachteln kassiert«, weil ich, um nicht als milchkind dazustehn, zu spät gekommen bin, während das betreffende mädchen sich von einem »haberer« *mit auto* hat nachhausebringen lassen.)

unter der defreggerlärche. am sonntagabend, nach einem wiederum blickreich verlaufenen abendessen, hab ich eine gelegenheit, die heidi allein in der »schank«, im schankraum anzutreffen, schnell entschlossen genützt und mir einen apfelsaft bestellt, den ich auch gleich bezahlt und noch in der schank zu trinken begonnen habe; ob ich sie nicht »auf etwas« einladen dürfe, hab ich die heidi gefragt: ja, gern, bloß etwas später, sie müsse noch abrechnen. sie komme dann ins »cafe«. ich hab mich ins kaffeezimmer gesetzt, ins zu meiner freudigen überraschung leere, und hab gewartet: und bald darauf, tatsächlich, ist sie ins cafe nachgekommen, hat zwei stamperln marillenlikör auf den tisch gestellt und sich zu mir gesetzt – also dann, prost (nur ja keine aufregung merken lassen, möglichst sicher wirken und charmant, vor allem charmant). was sie von einem spaziergang halte; »*sehr viel* . . .«, hat sie geantwortet, kurze pause, blick, »sehr viel . . .«.

auf der »alten straße«, der dunklen, am waldrand entlang führenden ehemaligen großglocknerstraße sind wir in richtung »defreggerhof« gegangen, aber noch vor dem defreggerhof umgekehrt; auf dem rückweg haben wir uns auf die bank unter der *defeggerlärche* gesetzt – die defreggerlärche ist nach dem osttiroler maler franz defregger benannt –, beim hinsetzen – jetzt! – hab ich meinen arm um die schultern der heidi, *meiner* heidi, wie ich mir von diesem augenblick an sicher gewesen bin, gelegt und sie an mich gedrückt; noch nie erlebte glückseligkeit: ob wir nicht *du* sagen könnten, »und du heißt werner stimmts?«
zurück zum hotel spazierend, haben wir, selbst noch im dunkel, meinen vater im lichterbereich der lampe vor dem hotel tiefatmend auf und ab gehen sehn. die heidi ist deshalb über die wiese hinter der scheune zum »haus enzian« in ihr zimmer gegangen, während ich ebenfalls tiefatmend weiter die alte straße zum hotel hinunter gegangen bin – »jo wo worst du denn?« hat der papa gefragt, ich: »och, spaziern . . .«
(seit diesem ersten sonntagabendspaziergang bin ich beinahe jeden abend – zehn tage, die erste urlaubshälfte, sind mir vergönnt gewesen, die zweiten zehn tage ist statt meiner der hansi gekommen –, beinahe jeden abend mit der heidi spazieren gegangen, einmal nach westen zum defreggerhof, einmal nach osten zum iselsbergerhof, immer im dunkel, umschlungen, die alte straße am waldrand entlang. beim ersten mal schon hab ich mir vorgenommen, das nächste mal, beim zweiten spaziergang mit ihr zu *schmusen,* mor-

gen, hab ich mir gedacht, wird es dann soweit sein, und am montag, und am dienstag, als es dann so weit hätte sein können, hab ich das wagnis doch lieber auf den nächsten tag, auf den dienstag, auf den mittwoch verschoben; so habe ich eine gelegenheit nach der andern verstreichen lassen, bis –)

symptome. während der ersten nacht, wie auch in allen weiteren, darauffolgenden nächten hab ich kaum schlafen können, kaum eingeschlafen, bin ich schon wieder aufgewacht, immer wieder bin ich aufgewacht und hab an die heidi denken müssen, an »meine heidi« an die im nebenhaus, im »haus enzian« schlafende; während mein vater neben mir friedlich und nichtsahnend geschnarcht hat, hab ich mich unruhig von einer seite auf die andere gedreht. untertags, an sonnigen, heißen julitagen, da mich nur der kommende abend beschäftigt hat, hab ich andauernd scheißen gehn müssen, *dünnschiß,* ein anhaltender, sich nie lösender drang, kaum aus dem klo heraußen, hätte ich schon wieder hineingehen können. *und:* am morgen des dritten oder vierten tages, am dienstagoder mittwochmorgen habe ich im spiegel zu meinem erschrecken feststellen müssen, daß sich – ein charakteristisches *jucken* während der nacht hat es schon angekündigt – auf meinen *lippen,* oben und unten *fieberblasen* zu bilden beginnen, eine neben der andern, ohne äußeren anlaß wie etwa den einer verkühlung, fieberblasen, plötzlich da, schmerzhaft vorhanden, fieberblasen von einer ausgeprägtheit, wie ich sie vorher nicht und auch später nie mehr erlebt habe. am selben tag noch hab ich mir im ort in mayerl's handlung eine tube *labisan* besorgt und damit die lippen weiß bestrichen, was anlaß heimlicher und offener belustigung gewesen ist, »tjaa . . .« hat ein herr aus deutschland zur belustigung aller anderen gäste beim frühstück gesagt, »wer das vergnügen hat, muß auch den schmerz erdulden . . .«

spaziergang. sie sei aus der steiermark. sie habe schon einmal einen *werner* gekannt, ihre »große liebe« habe, wie ich, werner geheißen, »werner reiter . . .«; auch er sei, wie ich es hätte werden sollen, lehrer gewesen, volksschullehrer . . . die verbindung sei aber in brüche gegangen, sie habe daraufhin ihren heimatort verlassen.

(die ersten spaziergänge hatte ich meinem vater »verheimlicht«, im lauf der woche ist er mir aber auf die allabendlichen davonschliche gekommen; eines abends, am mittwoch oder donnerstag, ist er uns die alte straße hinunter nachgefahren, in einiger entfernung hinter uns stehngeblieben, hat uns mit aufgeblendeten scheinwerfern angestrahlt und ist dann – welches erschrecken – an uns vorbei und über die neue straße wieder zurückgefahren. entgegen meinen befürchtungen aber hat er mir später, nach meiner rückkehr, nicht gesagt, ich könne »sofort meine koffer packen«, mir auch keine »tachteln« verabreicht, sondern mir nur geraten, »immer anständig zu bleiben«, spazierengehn, da sei ja nichts dabei . . .)

»schön ist die liebe am iselsberg« (tango). ein hausball im alpenhotel: der herr pichler, der schwiegersohn des hauses, hat ziehharmonika gespielt und gesungen. die gäste haben dazu im wintergarten getanzt. ich hab auch manchmal mit der heidi getanzt, einen tango zum beispiel, den der herr pichler mit leicht verändertem text zum besten gegeben hat: »schön ist die liebe am iselsberg«, hat er gesungen, und dazu immer wieder *spöttisch* zu mir herübergegrinst, warum nur –?

gespräch unter männern. die dettmers (frau dettmer

hat zum thema *heidi* mißbilligend den kopf geschüttelt, »och werner«, hat sie gesagt, »die is doch *viel zu alt* für dich . . .«), die familie dettmer hatte in diesen urlaub eine ihr befreundete fabrikantenfamilie mitgebracht, die familie heinrich, die dicke frau heinrich und den kleinen, häßlichen herrn heinrich, einen schnapssäufer, der sich viel in der schank aufgehalten und oft »einen ausgegeben« hat. der herr heinrich hat mich eines abends unvermittelt gefragt, ob er mich kurz sprechen könne, wir könnten uns ins kaffee setzen, dort seien wir »unter uns«. »na«, hat er angefangen, »haste die heidi zu bett gebracht?« (ich habe verlegen irgendwas gemurmelt.) »ach komm«, er, »du kannst doch *schmusen,* zumindest . . .« (betreten habe ich auf den zustand meiner lippen verwiesen.) »na ja . . .« (ein mir unheimliches gespräch:) ob ich den mund halten könne. ob ich wisse, was ein wort unter männern sei. wenn er mir jetzt etwas erzähle, ob ich bereit sei, ob ich's ihm *in die hand* versprechen könne, das auch niemandem, »nie-mand, verstehst du« weiterzuerzählen? »ja«, hab ich gesagt, »sicher«. ich solle ihm die hand darauf geben, ein händedruck unter männern, »du bist doch 'n mann oder?« ich hab ihm die hand gegeben, ein händedruck unter männern. er »also paß auf – ich weiß ja nicht, ob du der heidi *was tun* willst . . . (ich hab dabei an den unbeleuchteten rand des parkplatzes vorm hotel dolomitenblick denken müssen, an mich und die heidi mit hinuntergezogener weißer unterhose), »'s deine sache, ja . . . aber *wenn* du ihr was tust, dann nimm 'nen pariser . . .« (pause, dann:) »– die heidi is *geschieden* und hat'n *kind* . . . ja?« (stotternd: nein nein ich hätte ohnehin nicht die absicht . . .) herr heinrich: »so – das wollt ich dir nur gesagt haben . . . – und zu

keinem menschen ein wort ja? . . . willste was trinken – . . .?«
unter der defreggerlärche. – ja, sie sei geschieden und der herr heinrich ein schwein. ihr kind sei in der steiermark bei ihrer mutter.

*

»jo, auch die schönste zeit geht einmal zu ende« (e.k.); abschied, zurück nach villach.
brief (erinnerungsfetzen): »meine liebste heidi! . . . nicht leben ohne dich . . . alles trostlos und leer . . . häuser wirken auf mich wie sinnlose betonklötze . . . – dein dich liebender werner . . .«
(sie solle mir zurückschreiben, postlagernd; sie möge mir ein *bild* schicken, wenn ich wenigstens ein bild hätte . . .)
eine möglichkeit. einige tage nach meiner rückkehr hab ich zufällig den pirker-paul getroffen, meinen banknachbarn in der klagenfurter lehrerbildungsanstalt, sohn der uns gut bekannten lehrerfamilie pirker. seine eltern und geschwister, hat er erzählt, seien zurzeit, wie jedes jahr, »*in der astn*« bei einem bauern auf urlaub (die »astn«, ein hochgebirgstal, sei übrigens vom *iselsberg* gar nicht so weit entfernt), nur er sei dageblieben und arbeite für einige wochen in der villacher molkerei, um später, im august, ohne eltern und geschwister »in die astn« auf urlaub zu fahren; – ob ich nicht mitkommen wolle, ein tag vollpension beim micheler-bauern belaufe sich auf sage und schreibe zwanzig schilling, außerdem könne man, ohne aufsicht, *rauchen* und *trinken* und überhaupt »a klasses leben führn . . .« (auch könnte man, hab ich mir, im mittelschulatlas die entfernung abschätzend,

gedacht, einmal von der »astn« auf den iselsberg wandern . . .)
meine eltern: zu arbeiten schade nie, und mit dem pirker, naja, mit dem pirker dürfe ich ruhig wegfahrn, der pirker sei ja aus anständiger, christlicher familie, der pirker.
drei tage am »bretterplatz«, zehn tage beim straßenbau. –
endlich, an einem sonntag, mit seesack und rucksack, mit lektüre aus der klagenfurter studienbibliothek (opernführer . . . wörterbuch der *philosophie* . . . werke von sartre und camus . . .), per autostop das drautal, später das mölltal hinauf (wieder hinauf) bis winklern, in winklern aber nicht (noch nicht) links den iselsberg hinauf, sondern die großglocknerstraße rechts weiter nach *mörtschach.* dann der aufstieg: eine dreistunden wanderung über einen mitunter verblüffend steilen, mühsam zu begehenden weg. »die astn«: ein durch und durch finsteres, mir von allem anfang an äußerst unsympathisches tal im gebirge, einige gehöfte, hineingebaut in steile abhänge. eine ehemalige, jetzt leerstehende einklassige volksschule. der astnbach. ein schutzhaus. eine von den einheimischen erbaute materialseilbahn.
(habe ich, jahre später, einen roman von th. bernhard, »frost« etwa, gelesen, habe ich immer wieder an die astn als den ort der von b. beschriebenen niederträchtigkeiten denken müssen.)
(die bergbauernfamilie micheler, der micheler-bauer, unser hauswirt. gottergebene armut, selbst-, mit *landtabak* gedrehte zigaretten. die alte »michela-muatta«, die uns immer als »die herrn schtudentn« bezeichnet hat. ein weiterer gast: »da hansl«, hansl, der »störschneider«, ein liliputaner, der von gehöft zu gehöft

gezogen ist, anfallende schneiderarbeiten erledigt und für die dauer seiner tätigkeit beim jeweiligen bauern gewohnt hat. »kameradln«, hat der hansl bei jeder sich bietenden gelegenheit zu uns gesagt, »hast a feuer kameradl?« oder, kurz vorm dunkelwerden, vom fenster seiner kammer herunter, »guate nocht, kameradln . . .«)
nach ein paar tagen, am mittwoch, hab ich mich mit meinem seesack *auf den weg* gemacht: von der astn den steilen, steinigen weg wieder hinunter nach mörtschach, von mörtschach die großglocknerstraße entlang nach winklern, von winklern die zahlreichen kehren der alten straße – eine abkürzung – hinauf auf den iselsberg, nach fünfstündigem fußmarsch, endlich, die paßhöhe: das ehemalige kurhotel, die neue straße, der defreggerhof, wieder die alte straße, am waldrand entlang, die defreggerlärche (. . .), das alpenhotel. – die bekannten bediensteten, unbekannte, andere gäste als im juli, und sie *(sie)*, plötzlich, wie schon einmal, aufgetaucht hinter der theke der bauernstube, in die ich mich nach meiner ankunft gesetzt hatte. wie's mir denn gehe. wies denn ihr gehe. gut, mit einem vielsagendem blick. woher ich komme. ob ich ein zimmer haben könne, hab ich gefragt. zimmer seien alle belegt, das hotel sei voll; »das einzige freie bett«, hat die heidi gesagt, und *wie* sie das gesagt hat, »das einzige freie bett steht in meinem zimmer . . .« (das einzige freie bett . . . in ihrem zimmer . . . heute bin ich fällig . . . plötzliche, völlige ungewißheit . . . ob ich mich überhaupt »trau« . . . wie weit werd ich mich trau'n . . .?) – in ihrem zimmer deshalb, hat die heidi später, vorm abendessen, erklärt, weil die moidl, ihre zimmerkollegin, ihren freien tag habe und nach lienz gefahren sei. am späteren abend gebe es

übrigens im kaffee ein kleines fest, die trude, ihre freundin, ein küchenmädchen und wie sie aus der steiermark, die trude habe geburtstag; ich sei zu dieser geburtstagsfeier selbstverständlich eingeladen. –
in der bauernstube hab ich zum nachtmahl einen aufschnitt gegessen, für die trude eine riesentafel milka schokolade um zwanzig schilling gekauft und ihr später überreicht; »das wär aber nicht notwendig gewesen . . .«, hat sie gesagt.
die geburtstagsfeier im halbdunklen kaffeezimmer ist ein fest hauptsächlich des personals gewesen, bis auf mich als mitbringsel von heidi sind nur bedienstete um den tisch gesessen. an den nebentischen haben anfänglich einige gäste am rande mitgefeiert, indem sie eine runde spendiert oder scherzhafte bemerkungen gemacht haben. die trude, man habe ja nur einmal im jahr geburtstag, hat einen liter wein nach dem anderen auf den tisch stellen lassen, und die wirkung ist, nicht nur bei mir, beträchtlich gewesen. die erinnerung an den weiteren verlauf des abends wird mit jedem damals leergetrunkenen glas verschwommener, nur hin und wieder, wie ein fettauge in einer suppe, ein im bewußtsem verbliebener geburtstagsfeierrest: –
schenkel an schenkel neben der heidi gesessen und ihr aufs knie gegriffen zu haben (ununterbrochen rotierender gedanke: heute nacht . . . heute nacht . . .)
. . . aufs klo kotzen gegangen zu sein, im vorraum vom klo nachher in den spiegel über dem kleinen waschbecken geschaut, mir eine zeitlang in die augen geblickt und an die worte meines vaters gedacht zu haben (»so ein rausch – etwas grausliches . . .«, wenn man sich dann im spiegel sehe, »blaß und übernachtig, wie ein g'schpiebenes gerstl . . .«) . . .
aufbruch, die feststellung, daß es regnet, inzwischen

zu regnen begonnen hat . . . die wenigen stufen zur tür vom »haus enzian«, und, plötzlich, an der tür, als ich, was sonst?, mit ihr hab hinaufgehn wollen, eine überraschende absage, »du spinnst ja . . . nein . . . das geht unmöglich . . .«, das sei ja nicht so gemeint gewesen, sie könne das nicht riskieren, gute nacht, und schon bin ich vor der geschlossenen tür im regen gestanden, gleichermaßen betrunken und ernüchtert, »'s auch wurscht«, hab ich mir gedacht und bin, mit meinem seesack, in der finsternis den hügel hinaufgewankt zum wald, zum waldrand, oben, unter den tannen, hab ich eine bank in erinnerung gehabt, auf der ich halbwegs regengeschützt übernachten hätte können, in dunkelheit und trunkenheit aber hab ich die bank nicht gefunden, hilflos bin ich in der finsternis umher – und schließlich wieder hinunter zum haus enzian bügelzimmer, in dem die trude geschlafen hat; auf diese bank beim brunnen neben dem haus enzian, neben dem fenster vom bügelzimmer, in dem die trude geschlafen, hat; auf diese bank hab ich mich gelegt, den seesack unterm kopf, und hab einschlafen wollen, ich wär auch eingeschlafen, hätte die trude vom bügelzimmer aus mich nicht bemerkt und zur heidi ins mansardenzimmer hinaufgerufen, das gehe doch nicht, daß ich im regen . . . »kumm, gemma aufe«, hat sie mich aufgefordert, hat im bügelzimmer finstergemacht und ist im schlafrock hinauf in die mansarde gegangen, ich wie ein nasser hund hinterdrein.
oben, ein ungeheures durcheinander: im einen dienstbotenzimmer zwei heimische, nun mehr lachende und lallende »küchentrampln« – sie haben später zu meinem schaden überall herumerzählt, ich sei oben bei der heidi gewesen –, angekotzt auf einem angekotzten

doppelbett liegend; im anderen zimmer die heidi in einem kurzen nachthemd. ein durcheinander auch in meiner erinnerung: heute weiß ich nur mehr (das aber schmerzlich genau), daß die heidi herausfordernd auf dem bett gesessen ist und gesagt hat »no . . . kumm her . . . kumm« (gekonnt, leicht spöttisch), ich aber beim tisch in der mitte des zimmers stehngeblieben bin, verwirrt, unentschlossen und plötzlich kaum fähig, zu antworten, starr und stumm dagestanden bin, – daß die heidi ihre aufforderung wiederholt hat, »kumm schon . . . – oder *traust di nit?*«, – daß ich, ausgeliefert dieser *verhör*situation, irgendwas von »den folgen« gestammelt habe, »ich denk an die folgen . . .« (»– ihr was tust dann nimm nen pariser . . .«), »welche folgen«, die heidi,« 's gibt keine folgen . . .«, – daß sie, nach einer unangenehmen pause, mich gefragt hat, was ich später einmal werden wolle, und ich geantwortet habe: »rechtsanwalt«, sie: das passe, »*beim redn* bist jo eh guat . . .«, und, leicht verächtlich, »brauchst ka angst habn . . . i tua da eh nix . . .«

– daß ich, vor diesem gespräch oder auch nachher, am klo gestanden bin und *versucht* hab zu *wichsen,* nicht um mich selbst zu befriedigen, sondern um einen *steifen zu kriegen,* daß aber, völlig anders als sonst, jedes empfinden *blockiert* war vor angst, daß ich darob erst recht in panik geraten bin, alles mögliche hab ich versucht – nichts, er rührt sich nicht, am liebsten hätt ich den lieben hergott um beistand angefleht, beistand zum beischlaf, entsetzlich, warum steht er mir nicht, er steht mir doch sonst immer, wenn er mir nicht steht, kann ich unmöglich ins zimmer zurück, mit einem derart kleinen, *zusammengeschrumpelten* schwanz kann ich mich ihr nicht nähern;

schließlich hab ich meine bemühungen erschöpft eingestellt und bin zurück ins zimmer;
– daß ich, in meinem weißen unterleibl, mit meiner schwarzen clothhose, über die gerade einschlafende heidi hinweg zu ihr und hinter sie ins bett gestiegen bin, daß (warum?) im andern bett, im bett der moidl, die trude geschlafen hat, –
– daß ich während der ohnehin kurzen nacht einige zeit wachgelegen, immer aufs neue aufgewacht bin und an meine eltern in villach hab denken müssen, wenn die wüßten, wo ich jetzt liege, haut an haut neben ihr, daß ich, draußen hats bereits gedämmert, mit der rechten hand dann behutsam versucht habe, unter dem nachthemd zur *fut* der *schlafenden* heidi vorzustoßen, dabei ist mir auch der schwanz wieder in gewohnter weise gestanden, sacht bin ich mit der hand unter dem nachthemd über die oberschenkel und über die fut gefahren, zweimal, dreimal, aber nie öfter, weil die heidi bei jedem ansatz, die fut zu streicheln, ich habs oft versucht, im schlaf meine hand weggeschoben oder sich überhaupt umgedreht hat.
in der früh: der wecker hat geläutet, um sechs uhr, ein feiertag, sie hat sich gestreckt, mich angeblinzelt und gegrinst, »au mei kopf« gesagt und mich dann hinaus- und hinuntergeschickt, weil sie und die trude sich waschen müßten und anziehn . . .; nach möglichkeit solle ich mich nicht sehen lassen beim verlassen des hauses, beim verlassen des hauses enzian.
au, auch mein kopf. am vormittag hab ich mich ins gras in die sonne gelegt, zwischendurch hat mir die heidi ein frühstück gebracht. einen allerletzten versuch, meine idiotie wieder wettzumachen (ob sie am abend zeit habe?), hat sie mit bestimmtheit zurückgewiesen.

gegen mittag bin ich wieder gegangen. plötzlich entschlossen, grußlos, ohne zu ihr noch etwas zu sagen, bin ich einfach »fortgegangen«; ein abgang wie im film: bei der defreggereiche hab ich mich noch einmal umgedreht und zurückgeblickt auf das hotel, auf das hotel und . . .; dann bin ich, vom hotel aus gesehen, um die straßenbiegung verschwunden. – auf dem weiteren rückweg bin ich in einen merkwürdigen, immer merkwürdigeren zustand geraten, »alles ist sinnlos, es ist doch alles so sinnlos«, hab ich mir gedacht, mir als ergebnis philosophischer gedankentätigkeit einzureden versucht, »alles ist nur fassade . . . dahinter ist *nichts . . .«,* und während ich solche gedankenversatzstücke die alte straße hinunter-, die glocknerstraße entlang- und den steilen weg in die astn hinaufgetragen habe, hab ich, obwohl es mir wahnwitzig erschienen ist und utopisch, mir plötzlich vorgenommen, zu *schreiben,* schreiben, nicht, um das vorgefallene niederzuschreiben, sondern um »in der zeitung zu stehen«, wie es wohl sei, hab ich mir immer wieder vorgestellt. »in der zeitung zu stehen«, auf der feuilletonseite der *kärntner volkszeitung* etwa eine geschichte zu veröffentlichen . . . mein name unter einem titel in der zeitung . . .
einige monate später ist diese vorstellung durch die veröffentlichung einer schwachsinnigen humoreske in der kärtner volkszeitung wahrnehmung geworden: *»unverzollt und fern der heimat«,* ist in der zeitung gestanden, und: »von werner kofler«.

*